Knowledge
Feast Lecture

一生必讀的**999**則智慧真理

內捲漩渦
量子糾纏
NFT&NFR

國家圖書館出版品預行編目資料

內捲漩渦、量子糾纏、NFT&NFR / 吳宥忠著. -- 初
版. -- 新北市：創見文化出版, 采舍國際有限公司發行
, 2024.07 面；公分--

ISBN 978-986-271-996-1（平裝）

1.CST: 自我實現 2.CST: 成功法 3.CST: 量子力學

177.2　　　　　　　　　　　　　113006312

內捲漩渦、量子糾纏、NFT&NFR

 創見文化 · 智慧的銳眼

作者／吳宥忠

出版者／智慧型立体學習 · 創見文化

總顧問／王寶玲

總編輯／歐綾纖

主編／蔡靜怡

美術設計／ Maya

台灣出版中心／新北市中和區中山路 2 段 366 巷 10 號 10 樓

電話／（02）2248-7896　　　　　　傳真／（02）2248-7758

ISBN ／ 978-986-271-996-1

出版日期／ 2024 年 7 月

全球華文市場總代理／采舍國際有限公司

地址／台灣新北市中和區中山路 2 段 366 巷 10 號 3 樓

電話／（02）8245-8786　　　　　　傳真／（02）8245-8718

本書採減碳印製流程，碳足跡追蹤，並使用優質中性紙（Acid & Alkali Free）通過綠色碳中和印刷認證，最符環保要求。
· 封面圖片取自網路

用人生大道理開創新的人生大道
跨時代｜跨領域｜融匯古今｜中西互證

★ ★ ★

　　書是生命的源泉，是人類進步的階梯，而閱讀最大的目的就是想擺脫平庸，然而愛讀書的人都知道，讀書常有兩個困惑：

　　一是書海浩瀚如煙，常常不知從哪裡入手？

　　二是辛苦讀完就忘了，無法內化成自己的知識以備日後運用！

　　快速接收、快速忘記，是我們這個時代的特徵，因此若能精準解讀書中的重要概念，將其變為精神財富，就能「活用知識」、「活出見識」，擴大認知邊界。

　　王天晴大師以其五十年的人生體驗與感悟，效法孔子有教無類「述而不作」之精神，為您講道理、助您明智開悟！孔子一生致力於古籍的整理，也正因如此，他才有機會接觸到博大深邃的三代文獻。他從中汲取到了前人留下的經驗和教訓，並對他們的智慧做出了全面總結，完全體現於其弟子及再傳弟子所著之《論語》一書，

蘊涵著豐富大智慧與人生哲理。

　　王天晴大師作為現代知識的狩獵者，平日極愛閱讀，也熱愛創作，是個飽讀詩書的全方位國寶級大師。雖然主修數理，但對文史與學習也有極大興趣，每天晚上11點到凌晨2點，為了鑽研歷史、前沿趨勢新知等社會科學與自然科學，他不惜犧牲睡眠。勤學之故，家中藏書高達二十五萬冊，博學多聞的他在向先賢們學習時，往往有許多新的感悟，與深刻而獨到的見解。時刻對「知」抱持謙虛的態度與情懷，探詢真理背後的真理，在閱讀並深入研究了數十萬本書後，王天晴大師析出了千百個人生必須要了解與運用的大道理，於是率智慧型立体學習知識服務團隊精選999個真理，彙編逾萬本書的精華內容，打造《真永是真》人生大道叢書，透過廣泛的閱讀和整理，內含數十萬種書之精華，並融入了上萬本書的知識點、古今中外成功人士的智慧經驗，期望能超越《四庫全書》和《永樂大典》，為您的工作、生活、人生「導航」，從而改變命運、實現夢想，成就最好的自己！

　　《永樂大典》和《四庫全書》都是由當朝聲勢最盛的皇帝號召天下之書上繳，集數千人之力完成的宏偉巨著，是國家傾盡全力而成的。

　　《永樂大典》是因明成祖朱棣覺得天下古今的事物分散記載在

各書之中，很不容易查看，便命大學士謝縉組織儒士，編成一部一查便知的大部頭百科全書。動用朝野上下共2169人編寫，歷時六年編修完畢。

《永樂大典》彙集了古今圖書七、八千種，上自先秦，下迄明初，包羅萬象，歷史、文學、書法、科技、醫術、農學、戲曲、軍事等領域無所不包，天文地理，人事名物，幾乎將明朝之前數千年的文化書籍全部歸納在其中，是世界上最早、最宏偉的百科全書。其被《不列顛百科全書》稱為「世界有史以來最大的百科全書」，正本11095冊，共約3.7億字，保存了14世紀以前中國歷史地理、文學藝術、哲學宗教和百科文獻，顯示了中國古代科學文化的光輝成就。可惜的是，於1900年八國聯軍入侵北京時，慘遭厄運，絕大部分被焚毀、搶奪，絕大部分已不知去向。《永樂大典》現存殘卷的規模尚不及原書的4%。

與之相對的《四庫全書》是中國歷朝最大的一部官修書，也是中國歷代最大的一套叢書。是在清乾隆皇帝的主持下，由紀昀（紀曉嵐）等360多位高官、學者編撰，3800多人抄寫，耗時十三年編成的叢書，分經、史、子、集四部，故名四庫。總共收錄了上自先秦、下至清朝乾隆以前2000多年以來的3500多種重要書籍。包括古代所有的重要著作和科學技術成就。共有7.9萬卷，3.6萬冊，

約8億字。由於《四庫全書》內容太多，書的數量也太多，抄錄與校對工作成為編書過程中持續時間最長、花費人力物力最多的工作，僅抄書匠就廣招近4000人，參與古籍收集、整理、編輯的官員更是不計其數。

《四庫全書》是中國史上最大的文化工程，對中國古典文化進行了一次最有系統、最全面的總結，中國文、史、哲、理、工、農、醫，幾乎所有的學科都能夠從中找到源頭和血脈，呈現出中國古典文化的知識體系。《四庫全書》當時共手抄正本七部。因戰火波及，現今只剩三套半，而今保存較為完好的一部是文淵閣版本，現藏臺北故宮博物院。

《永樂大典》的編排方式類似於現代的百科全書，分類輯錄（摘抄）古代文獻，雖然偶爾也有全文收錄的，更多的是截取，再分類編排。《四庫全書》則是叢書，將文獻整本編入，收錄的都是完整的內容。

由於明成祖朱棣並沒有對《永樂大典》編纂的具體方式和內容做過多的限制，所以，《永樂大典》是把自古到當時所有的圖書全面搜集，將相關內容一句、一段或整篇、整部書地摘引抄錄下來，甚至同一事物的不同說法也都全部彙編，供人參考。而乾隆皇帝編纂《四庫全書》時是想借修書之機，把全國的書籍進行了一次全

面、徹底的審查，大量焚毀那些對於清朝統治不利的古籍，並且對於一些涉及到敏感字眼的文章書籍進行大量的篡改。銷毀書籍的總數據統計為一萬三千六百卷。這些被銷毀的書籍有部分被張海鵬編入《墨海金壺》套書中，今人可至《守山閣叢書》中閱覽。《四庫全書》所保留下來的大部分都是清朝皇帝從清朝的視角想要讓我們看到的書，例如《四庫全書》中就絕不會有「反清復明」的任何思想。由此可知《永樂大典》相對來說是比較客觀且包羅萬象的。

★ 超越《四庫全書》的「真永是真」人生大道叢書 ★

	中華文化瑰寶 清《四庫全書》	當代華文至寶 真永是真人生大道	絕世歷史珍寶 明《永樂大典》
總字數	8 億 勝	8 千萬字	3.7 億
冊數	36,304 冊 勝	353 本鉅冊	11,095 冊
延伸學習	無	視頻＆演講課程 勝	無
電子書	有	有 勝	無
NFT＆NFR	無	有 勝	無
實用性	有些已過時	符合現代應用 勝	已失散
叢書完整與可及性	收藏在故宮	完整且隨時可購閱 勝	大部分失散
可讀性	艱澀的文言文	現代白話文，易讀易懂 勝	深奧古文
國際版權	無	有 勝	無
歷史價值	1782 年成書	2024 年出版 勝 最晚成書，以現代的視角、觀點撰寫，最符合趨勢應用，後出轉精！	1407 年完成 勝 成書時間最早，珍貴的古董典籍。

★ 當代版更先進的四庫全書出版了

這兩大經典巨著，一套已大部分遺失，一套珍藏在故宮，不是我們能輕易擁有的。而智慧型立體學習體系與王天晴博士聯手打造的《真永是真》人生大道叢書，媲美清朝的《四庫全書》，兼顧實用與經濟實惠，人人都能輕鬆擁有！

《四庫全書》是中華傳統文化最豐富最完備的集成之作，其收錄先秦到清乾隆前期的眾多古籍，內容多是當時代的歷史、國學古籍，然不夠客觀與宏觀，有些已不合時宜，不符現代人所需與運用，珍藏價值大於實用度。

《真永是真》人生大道叢書，將是史上最偉大的知識服務智慧型工程！堪比甚至超越《四庫全書》、《永樂大典》，收錄的是古今中外皆通用的道理，談的是現代應用的知識、未來的趨勢……具實用性的人生大道，是跨界整合的知識──涉及了心理學、經濟學、管理學、社會學、賺錢學、創業學、經典文學……無所不包，以全世界為範疇，古今中外的所有理論、思想為核心，由於當代2億多種書無法重複抄錄，所以王天晴大師帶領其編輯團隊及各界專家，抽其中各領域之精華集結成冊，解決您「沒時間讀書」、「讀書速度很慢」、「讀完就忘」、「抓不到重點」的困擾，教您如何跨領域地活用知識，能應用在生活、學習、工作、事業、管理、人際、溝通等不同面向。除了大家耳熟能詳的經典真理、定律之外，

科技新趨、經典書籍、電影等文化資產也會選列，例如本書的內捲漩渦、第一性原理、《塔木德》、《為你朗讀》、Web4.0……等。像是本書的「量子糾纏」、「NFT&NFR」為讀者介紹最新的科技新知與趨勢。2022年10月4日諾貝爾物理獎得主亞斯佩克特、克勞澤和柴林格，三位科學家各自進行糾纏光子（entangled photons）實驗，確立可違反貝爾不等式，大力推進量子資訊科學的研究。他們通過開創性實驗，向世人展示研究和控制量子糾纏（quantum entanglement）狀態下的潛力，為量子技術的新時代奠定了基礎，他們的研究不僅證明了愛因斯坦是錯的，還為今天的量子計算、量子通信等科技奠定了基礎。書中除了解析還教你如何應用、如何全方位融會貫通，提升個人軟實力，落實於生活與事業中！

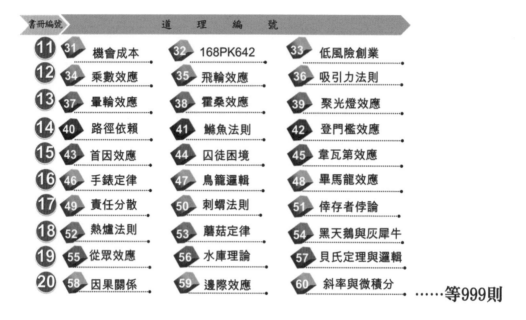
⭐ 把大師請回家・隨時為您解惑！

讀萬卷書，不如行萬里路，行萬里路，不如閱人無數，閱人無數，不如名師指路，名師指路，不如跟隨成功者的腳步，跟隨成功者腳步，不如高人點悟！經過歷史實踐和理論驗證的真知，蘊藏著深奧的道理與大智慧。

《真永是真》人生大道叢書分兩大系列：單冊詳述版與彩色MOOK專輯版共計353鉅冊。單冊詳述版套書為標準18開尺

寸，每一冊詳細介紹3個定理的起源、作用、案例、生活與工作上的應用等，預計收錄999個，共出版333冊。提供您與時俱進、系統化的真智慧！除了有實體書本，每一個真理均搭配書籍、電子書、有聲書，甚至提供Vlog視頻、演講課程，並同步發行EPCBCTAIWSOD十二種載體，提供讀者更多元的學習方式。

彩色MOOK專輯版系列為您精選20個同類向的定理、道理，收錄在一冊，方便讀者一起比較統整、對照出優劣，以達到因時、因地做不同的活學與活用！如：心理學／管理學／創業賺錢學／經濟學／學習成長／科技科普／人際學／溝通學……等分類的主題專書，共計20鉅冊。

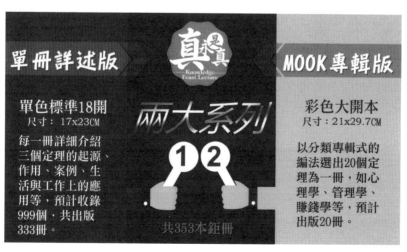

此外每年的11月王天晴大師生日時將舉辦「真永是真‧真讀

書會」知識型生日趴，除了滿是乾貨的最新應用真理與前端趨勢演講，還能享有免費午茶、蛋糕吃到飽，並廣邀各領域領袖大咖與會，有機會與大咖面對面交流，是您一定不能錯過的知識饗宴！有興趣者可掃QR碼或上新絲路網路書店報名。

《真永是真》人生大道叢書自2024年～2050年期間，將由四代編輯共同完成，本套書將以電子書、有聲書等各式型態多元完整地保留下來，後人若有興趣、意願改編也可以，王天晴博士已聲明將放棄版權，歡迎後人或法人機構改編或擴編使其更趨完善！

透過《真永是真》人生大道叢書，在王博士的引導下，帶您一次讀通、讀透上千本書籍，助您將學識提升為智慧，解您的知識焦慮症！讓您不僅能「獲取知識」，更提點您「引發思考」，化盲點為轉機，進而「做出改變」，獲得不斷前進的原動力。這套「真永是真」提供您360度全方位學習，結合道理與事例，內容深入淺出，藉由實際又生活化的事例，來印證這些道理的價值與實用性。保證能為迷航人生提供真確的指引，教您找到人生的方向並建構 π 型人生與斜槓創業賺錢術，面對AI新世界，終將無可取代！是值得您傳家‧傳世‧傳子孫的經典！

智慧型立体學習‧創見文化

用知識換不惑，用真理見真純！

★ ★ ★

　　書是人類智慧的精華，亦是人類將知識代代相傳的工具。然現今資訊更新迅速，書的種類越出越多，出版的速度也越來越快，使得人在浩瀚書海中，難以有效率地找到符合自己需求的知識。這套《真永是真》人生大道叢書因應時代變化、原有思維模式改變而出版，本系列套書集結了王天晴博士的人生經驗和體悟，對於書中歸納的理論，也有與眾不同的詮釋與獨到的見解，他用不一樣的角度來剖析這些真理與定律，發掘更多應用的面向，使得我在閱讀《真永是真》叢書時，腦海中一直閃現亮光，思維變得更加靈活開闊，對於生活的難題以及人生困境，有了新的啟發與披荊斬棘的勇氣。我相信並真摯的推薦，《真永是真》是美好人生的「導航」，是解決問題的百科全書，用知識換不惑，用真理見真純。

　　我與王天晴博士相識已近三十年，對於他的為人，甚為熟稔。

不論是與他商討公司運營事宜、未來方向、私下閒談，博士說起話來滿是金玉良言，字字珠璣，令我如沐春風，受益匪淺。好學不倦的他，總是樂於在書堆中挖掘真理，時常讀書寫作到三更半夜，對於探索知識與智慧的渴望，真可謂狂熱。他涉獵的領域甚多，舉凡數理文史哲皆難不倒他。上知天文，下知地理，可以說是一位學富五車的當代儒士。他不僅讀萬卷書，更有數十年的人生經歷，其對世界的認識和體悟，何其深廣。這套《真永是真》可謂王天晴博士的學問結晶，它猶如一把鑰匙，為您開啟智慧的大門、知識的殿堂，絕對能幫助現代人解決人生幾乎所有的疑難雜症！

《真永是真》人生大道叢書不但內容完整，有353冊紙本書、電子書、有聲書，甚至提供Vlog視頻、演講課程，讓讀者能以多元的方式學習現代人應當必懂的真理。書中提及的理論與原則甚多。這些東西看似深奧難懂，其實在生活中隨處可用，隨時可見。「真永是真」結合道理與事例，內容深入淺出，敘述流暢，論證有力，藉由實際又生活化的事例，來印證這些道理的價值與實用性。只要一開始閱讀，就會停不下來，只要開始買一本，就會想要收藏全書系。這魔力般的效應，邀請您一同來體會。

學習是一生之久的事，閱讀更是豐富心靈及拓展思維的最佳

途徑。一本值得閱讀的好書，乃是文字化身的良師益友。《真永是真》套書能帶給讀者知識的亮光，帶領讀者認識世界與人生。甚至可說，這套《真永是真》可讓愚昧人變智慧人，使凡夫俗子變知識份子。這套書亦可讓讀者在瞬息萬變的世代，不斷提升自我、突破思維界線，增加競爭力，成為無可取代的人，成就你自己想要的人生！

智慧型立体學習體系總編輯

歐綾纖

終身學習與世界同步進化

★ ★ ★

　　王天晴董事長是我的第一位老闆，應該也會是唯一的老闆！是我的事業教練、人生導師！跟在王董身邊做事多年，除了學習到出版的專業，還能學習到出版範疇外的新知識、新趨勢與人生大智慧，因為王董是熱愛學習、博學多聞的，對於全球新知總是即時更新，跟著世界同步，例如在 ChatGPT 剛一推出，他就與我們編輯分享這一軟體應用的利弊。而我們總是常常半夜就能在 line 或 mail 收到王董的短文分享或人生感悟。他不僅懂科學數理，對文史地理也瞭若指掌，他對知識的渴求、敏捷的瞬思力、動態思維，令我欽佩不已，其對社會與人生具有獨到且深刻的見解，總是能提出務實又切中要點的建議，稱王董為「活書櫃」，一點也不誇張。

　　「真永是真」一詞是出自張國榮《沉默是金》這首歌，歌詞「是錯永不對，真永是真……」，真正有價值的事物，經得起時間的考驗。值得我們學習的真理，是不會隨時間而改變的，能從古流

傳至今。因而王天晴大師有感而發，遂效法孔子有教無類「述而不作」之精神，親自主持編纂《真永是真》人生大道系列叢書，想以其四十年的所知所學、人生體驗與感悟，將古、今、中、外堪為借鑑與套用的真理、觀念、道理進行「重整」與「再詮釋」，與編輯團隊共同研究、統整、歸納，才有這套集成功學和心理學、社會學、管理學、經濟學、物理學、財富學……等包含各類向領域，釐清讀者的迷茫眩惑，經由知道→學到→得到，為您的工作、生活釋疑解惑，重導人生方向！

古代有《四庫全書》及《永樂大典》，現代則有《真永是真》。這三套書皆為知識匯集的結晶，而《真永是真》的內容十分貼近現代社會所需，能夠帶領讀者重新定位生活，找回自我，以「閱讀」探索多元樣貌的世界，從中探求人生與生活的突破口及掌握未來的趨勢。其包括的理論多達999種，例如：馬太效應、莫菲定律、紅皇后效應、蝴蝶效應、二八定律……等流傳百年的真理。另外，《真永是真》用語淺顯易懂，敘述流暢，論證有力，這套書就如一把鑰匙，為您開啟智慧的大門、是您吸收知識、活用知識的最佳解方，本本是經典，冊冊都是新世界，絕對值得您細細品味！

創見文化社長　蔡靜怡

用智慧的真理面對人生挑戰

★ ★ ★

　　這是一套介紹蘊含了大量智慧，用實際的理論與多元領域的知識去講述人生真理的書籍，如果能將這套書的內容熟讀，大量運用在現實生活中，就能明白各種日常可見的現象是怎麼發生，並知道要如何利用這些真理智慧去破解困境，更加彈性與靈活地去面對各種挑戰！

　　身為王天晴博士的多年好友，我曾受邀參加其生日趴讀書會，因此而得知了真永是真讀書會與相關系列套書，並有幸拜讀了此系列的第一本作品《馬太效應、莫非定律、紅皇后定律》，隨著一頁一頁地仔細閱讀，我頓時有了醍醐灌頂般的感受，原來我們生活中曾經遇到、曾經發生的事情並非偶然，很多事情的發生必然有跡可循，各種錯誤或災害的發生，都能從過去的軌跡中找到真正的源頭！

　　在真永是真系列的第一冊中，介紹了對許多人來說耳熟能詳的紅皇后效應、莫非定律與馬太效應，這些是很多人或許聽說過，卻沒想到要應用在生活中或不知道要如何應用的理論，書中舉了許多可以幫助讀者輕鬆理解與應用的例子，並加入了從各種領域與身分的不同視角中對定理的解讀與使用方法，讓讀者們可以更加深入地明白這些道理背後所隱藏的真正價值。

　　第一冊中深入淺出的敘述方式以及實用性，都在第二冊的內容中保留了下來。介紹了屬於管理學範疇的「鯰魚效應」、社會心理學中的「達克效應」以及由農業學領域發展而來的管理學理論——木桶原理，這些定理來自不同領域，但書中並非死板地以它們所屬的範圍去進行解釋與應用，就算是企業管理學中的鯰魚效應，也能成為個人自我約束、自我警惕的參考；社會心理學中的達克效應，也能成為教育者與學生做自我規劃與班級管理的依據，還有本身就跨越了兩個領域、在許多場合與範圍都能夠應用的木桶原理，都具有非常高的實用性。

　　過去在接觸這些效應與現象時，我們常常都是用粗淺的理解去看待這些知識，例如：在網路上知道了達克效應的相關資訊時，就

直接將達克效應當成諷刺自以為是的人最好用的素材；看到鯰魚效應的內容時，直接認定鯰魚效應是管理者才需要學習的知識，因此止步於「知道有這樣的管理手段」，而未能進一步了解上司會如何使用相關的手段操控我們，以及受到影響之後要如何反制，讓自己能更游刃有餘地面對上司們的手段。因為要深入挖掘這些知識的價值，就需要大量收集資料並耗費許多時間進行思考，所以即便這些理論能讓人更有能力、培養更正確的觀念去應對大環境的壓力與競爭，但一般人還是很懶得去研究、發現這些知識的實用之處，而這本書為我們節省了蒐集資料的時間與精力，讓我們能更夠更簡單有效地了解這些理論會如何發生在我們的生活中，以及要如何破解這些理論帶來的影響並正確地運用。

除了真正了解這些定理、效應的意義之外，本系列叢書還能幫助讀者塑造一個更加重要的觀念，那就是：沒有什麼道理是絕對正確的，也沒有什麼道理是只能用在一個方向上的，這些理論都是基於人的研究與歸納而產生的，最終勢必也要回歸到人類的社會之中，而人與人之間的相處方式與造就的結果是彈性且多變的，並非條列式的理論所能束縛、設立框架的，所以不論是什麼學說，都要回到人的身上去思考，以更加靈活和柔軟的心態去面對，將所學的

知識真正吸收，在生活中各種想得到、想不到的方方面面中落實與
應用，以此帶來與過往完全不同的精彩人生。

　　我衷心推薦《真永是真》系列叢書，相信大家都能跟我一樣有
所收穫，希望這套書（全系列共353本）能夠幫助大家學習更多的
人生真智慧，並在未來遇到困難與困境時，能夠用更加多元與豐富
的方法，去解決過往無法解決的人生難題！

風華集團總經理　柯明朗

智慧是別人搶不走的寶貴資產

★ ★ ★

知識就是力量！出書則是力量的展現！智慧又是知識的昇華！然而多少曠世鉅著已被大多數人束之高閣？偌大的知識體系乏人整理編輯，其強大的知識力也就難以發揮了！所以有系統地出書灌溉了知識與智慧的活水，希望能有更多讀者願意把這套書翻開、買回家、繼續讀！這樣知識就有了生命力！智慧於焉誕生。

智慧為世上最珍貴的東西，別人搶不走的寶貴資產。我在書寫這套叢書時，不時會想起孔子有云：「述而不作，信而好古」。何謂「述而不作」？「述」意指敘述，「不作」則指不創作。「述而不作」即為敘述已存在的真理，而不創造新的理論。事實上，真理是永恆不變的，不會隨著時間變遷而被淘汰。而我編寫這套書僅僅是蒐集、整理能應用於當今社會之智慧，再現其寶貴與價值。換言之，這套書僅是利用早已存在的道理，來啟發讀者，如此而已。

　　另外，知識的取得，早已不限於紙本書。隨著科技發展、時代進步，學習的方式與素材也變得更多元，舉凡影音平台、線上講座，皆為吸收知識的途徑。為了符合當今的趨勢，我以EPCBCTAIWSOD十二種載體為發展方針，盼望以不同的方法，來傳播各種知識，使學習這件事變得更為輕鬆方便。

　　EPCBCTAIWSOD乃若干英文單詞字首字母之縮寫，表示我們提供的各類知識學習平台：電子書〈E-book〉、紙本書〈Paper〉、簡體書〈China〉、區塊鏈〈Blockchain〉、影音說書〈Channel〉、培訓〈Training〉、有聲書〈Audio book〉、國際版權〈International〉、作家〈Writer〉、講師〈Speaker〉、眾籌〈Other people's money〉開放式平台以及直效行銷〈Direct Selling〉。藉由多樣化的工具，讓

知識能夠被更多人吸收，不受時空限制，KOD和WOD都能成為最有價值的商品、投資自我的最佳選擇。我希望EPCBCTAIWSOD能以知識服務更多華人，讓學習成為潮流，使人享受充實自我之樂趣。若EPCBCTAIWSOD能幫助更多人加入多元學習的行列，對我而言，實在是與有榮焉！

我由衷希望，這套《真永是真》能帶給讀者幸福、璀璨的人生，並能讓人體認到真理的可貴之處。願《真永是真》套書能成為讀者生命中的明燈。能透過此套書，來與眾讀者分享我的知識與人生經驗，真是一大樂事。我也相當高興可以出版《真永是真》系列載體，為真理的匯集、知識的傳遞與智慧的啟迪，獻上一己之力。

▲真永是真有聲書在博客來霸屏。

王天晴

於 台北 上林苑

創造新價值，打造專屬自己的藍海

★ ★ ★

　　歡迎翻開這本《真永是真》人生大道叢書。我是這套書的主編與主要作者之一，很榮幸能與大家分享這些珍貴的智慧。這套書的誕生，離不開王天晴大師的悉心統籌規劃。他以其四十年的人生體驗與感悟，效法孔子「述而不作」的精神，為您講道理，助您明智開悟。王博士從博大精深的古今理論中汲取智慧，整理並總結了前人的經驗與教訓，並結合現代的需求，創作了這套涵蓋心理學、經濟學、管理學、社會學等多領域的百科全書。

　　我有幸能成為這套叢書的編輯委員會主任委員，參與並主導了這套書的編纂工作。這是一個龐大而艱鉅的工程，我們從數十萬本書籍中精選出999個真理，彙編成這套叢書，希望能夠為大家的工作、生活和人生導航，幫助大家改變命運、實現夢想。

　　此外，這套叢書還收錄了許多當代熱門議題，內容豐富多樣，從古代經典到現代科學，從西方哲學到東方智慧，無所不包。在這個資訊爆炸的時代，我們面臨著海量的信息和知識，常常不知道從

何入手。這套叢書將幫助您精準解讀書中的重要概念，將其轉化為精神財富，真正做到「活用知識」，「活出見識」。

在今日充滿競爭的時代，稍不留意就會陷入無節制的投入、同質化競爭的內捲漩渦。越是優秀的人越努力，越是優秀的人越刻苦，如果不努力就是在退步，所以這個社會就越來越捲。這本《內捲漩渦、量子糾纏、NFT&NFR》就要教您如何反內捲？才能不在盲目比較與無效競爭中迷失，助您提升核心競爭力，與時俱進，掌握先機，在競爭中找到突破口，轉化這種競爭壓力為積極動力。量子糾纏的秘密力量，教您境隨心轉，思維重塑，在管理和人際關係的應用中，提供全新的思維方式和解決方案。NFT，作為數字時代的創新技術，正逐漸改變藝術和經濟的格局，我們將其納入書中，解釋其背後的原理和潛力，幫助您抓住這一新興機遇，理解如何在這個新興市場中創造價值。搞懂NFT&NFR應用，透過新概念創造新價值，打造專屬自己的藍海，創造無限可能的未來！

希望這本書能夠成為您人生中的指路明燈，為您提供實用的指導和啟發，幫助您在迷茫中找到方向，在困境中看到希望。讓我們一同追求真理，分享智慧，創造更加美好的人生。

吳宥忠

Part 1 內捲漩渦 INVOLUTION EFFECT

Part 2 量子糾纏 QUANTUM ENTANGLEMENT

Quantum Entanglement

+ Contents +

Part 3 NFT & NFR

NFT & NFR

NFT & NFR

內捲漩渦

內捲這個詞最初由美國人類學家戈登威澤提出，是指長期停留在一種簡單層面的自我消耗和自我重複現象。是指非理性內部競爭，導致內部消耗或停滯不前。

為什麼追求進步，反而讓個人窮忙、企業惡性競爭？要反內捲，就必須不斷地嘗試拿掉邊界。

INVOLUTION
EFFECT

What's Involution

1

內捲，陀螺式的死循環

★ ★ ★

近年來，「內捲」這個詞在社會中掀起一股旋風，引發許多年輕人的共鳴，網路上流傳著幾張北京清華大學學生邊騎腳踏車邊用筆電寫論文、邊騎腳踏車邊認真研讀課本，甚至還有邊騎腳踏車邊吃麵的照片，因此這些荒謬的現象讓中國最高學府的莘莘學子被戲稱為「清華捲王」。

「內捲」（Involution）的概念最早由美國人類學家亞歷山大・戈登威澤（Alexander Goldenweiser）使所提出，用來分析一些僵化、衰敗的文化模式和社會結構。1936年一篇研究原始文化的論文中，戈登威澤從藝術角度，最早提到「內捲化」這個詞，用來形容某種文化達到最終形態後，既無法自我穩定，也無法轉變為新的形態，那怎麼辦呢？就只能讓內部更加複雜化。比如毛利人的裝飾藝術，可能只是幾種花紋模式重複運用，沒有更多的創造力和多樣性，但每一種設計卻是非常複雜精細的，通俗地說便是將低水準複雜化，一眼看去覺得很震撼，感覺花了很多功夫，每個小地方都

精雕細琢，但看來看去就只有那麼幾個樣式，所以除毛利人的藝術外，戈登威澤也把哥德式建築藝術視為一種「內捲」。

內捲在某種程度上等同於進化（Evolution）的反義詞，是一種對內演化的現象，不管是在自然界還是文明社會，都可能產生內捲現象。在自然界，只有同一生態棲位的物種水火不容，此消彼長的零和競爭才會發生，這樣的爭鬥就是所謂的內捲，若物種存於不同的生態棲位，就不會有激烈的競爭。筆者以非洲草原上的獅子和牛羚為例，在自然法則下獅子捕食牛羚，獅子的捕食行為並不會造成牛羚的數量大幅縮減，這是因為捕食者和被捕食者處於不同的生態棲位，牠們彼此是依附關係，假設牛羚滅絕，那獅子也會滅絕，因此不存在內捲。而在文明社會的內捲，指的是文化模式到達某型態後，既沒有辦法穩定下來，又無法躍升至新的型態，所以只能在原地打轉，因為無法創新而形成內耗，最後變得平庸。

以「清華捲王」這個現象來說，依照中國大陸的人口比例推算，請問全中國有多少名大學生？其中名列前茅的菁英又有多少？有太多大學生具有相同的觀念和目標，遠超出該群體所能承載的容量，導致內部零和博弈和內捲漩渦的產生。

另一個關於內捲起源的說法與貝類的形狀相關，一般貝殼是圓錐體，尖端向外旋轉伸出，但有一種貝殼不會向外生長，反而是往內蜷曲，裡面的構造越來越捲，從外觀上完全看不出來其內部彎彎繞繞的構造。

內捲漩渦

量子糾纏

N F T & N F R

　　美國人類學家克利弗德‧紀爾茲（Clifford Geertz）在《農業的內捲化：印度尼西亞生態變遷的過程》中，借用戈登威澤的內捲化概念，來研究爪哇的水稻農業，思考為什麼農耕社會長期沒有較大的突破。從理論上來說，農耕經濟越精細、在每（土地）單位上投入的人力越多，產出也會相對提高，可實際上的狀況卻是：增加人力所提高的產出，其實只夠該人力本身的消費，也就是說你多付出的成本會跟收益相抵消，因而形成平衡的狀態。紀爾茲讓內捲化概念在人類學界與社會學界廣為知曉，成為一種描述社會文化發展遲緩現象的專屬概念，尤其是描述亞洲農業社會長期精耕細作投入大量勞動力，卻沒有實現經濟突破的問題。從這個例子中可以看出來，人多地少並不意味著「內捲」，而是過程中變相地精耕細作才是「內捲」，紀爾茲把它形容為「一種過分欣賞性的發展」。

　　不過「內捲」這個詞，在被翻譯為中文的時候，意思卻被改變了。1985年，中國歷史學家黃宗智在其著作中提到「內捲」這個詞，他說中國的小農經濟勞動力過多，土地又有限，形成「過密化成長」，甚至是出現邊際生產率遞減的情況，投入到土地中的人越多，平均每個人就會越窮。也就是說，「內捲」被加進了內耗的意思。

　　而隨著「內捲」這個詞逐步進入公眾視野，和原先的社會學內涵相比，含義已經有了很大變化，現在在網上看到的「內捲」，大多都是用來形容某個領域的過度競爭，造成相互的傾軋、內耗，尤其是透過壓榨自己，來獲得微小的優勢。

What's Involution

2

高度同質化的競爭

★ ★ ★

　　「內捲」在中國被熱議的程度不可小覷，從清華捲王到外送員、小資族還是大企業主管，種種職業的現況和社會現象都反應著現在的社會型態有多麼的不健康、內捲有多麼嚴重。很多時候大家的比較項目跟工作內容可能一點關係都沒有，只是單純地想要證明自己在各個方面都比別人強、比一般人更強，於是就形成了一種為了競爭而競爭的局面，雖然眾人都在討論、諷刺這種內捲化現象，卻又讓自己陷入這內捲漩渦之中，著實無奈。

　　在現今這資本主義的世代，大夥兒一邊拼命加班，又一邊在網路上吐槽不合理的職場現況，中國常說的996工作型態其實也同樣存在於台灣的職場裡。996工作制代表每天早上九點上班、晚上九點下班，每週工作六天。曾經有人在社群平台Dcard上發了篇文章，發文者表示自己是名長期駐點業務，依循著「996工作制」上班。他形容自己每天的時間都被榨乾，但薪資卻不高，只有四萬多，工作內容繁雜、基本上什麼都要做，就算沒有客人還是要在公

內捲漩渦

量子糾纏

NFT & NFR

司待命，就連唯一的一天休假，也要在公司辦活動時支援，讓他覺得沒有私人的生活。所以向網友們提出疑問：「996的工作型態，大家覺得領多少錢才合理？」因此引發了熱烈的討論。其實就像這位發文者一樣，很多人早就體認到現在的社會結構出了很大的問題，所以才會試圖找出替代性的生活方式。

從中國職場的角度來看，內捲算是資本主義發展到極端而產生出的惡性循環，舉企業家馬雲為例，他推崇996工作模式，甚至曾經公開發表言論：「我個人認為，能夠996是一種巨大的福氣，很多公司、很多人想996都沒有機會。如果你年輕的時候不996，你什麼時候可以996？」但這種言論受到勞工與社會大眾的抨擊，勞工們明顯「消受不起」這個「福報」。雖然內捲的出現與資本主義的社會型態密不可分，資本主義最早起源於歐洲地區，而現在資本主義發展較好的地區在德國，但是這些西方國家卻不像亞洲地區一樣，出現了嚴重的內捲化現象。所以內捲化的背後究竟隱藏了什麼問題？

內捲反應的可能是來自於現今市場的高度同質化競爭，而這競爭漸漸演變成我們的生活導向，成為社會的基本組織方式以及資源配置的方式。但其實很多競爭跟市場性是扯不上邊的，比如教育，嚴格來說它並不具市場性，我們從小到大的考試機制，都是由教育部和學校所規範、設定，但現在卻被模擬成市場競爭，要學生參與承受，對於過度敏感的學生，提到考試他可能就會變得焦慮，形

成一股壓力，時時告誡自己一定要用功讀書考出成績，過於鑽牛角尖，反倒陷入內捲漩渦。

因為高度同質化，所以社會出現內捲現象，現在的人只曉得看著同一目標前進，甚至可說是唯一的目標，殺個頭破血流、爭個你死我活，還不允許你單獨下車。大家現在對生活其實是有恐懼的，就是說你怎麼就這樣退出競爭了，這樣怎麼行？且現在的人所面臨的壓力是不僅要你往上走，更不允許你往下走。曾有人分享過：他畢業於知名大學，但畢業後選擇去麥當勞應徵，面試主管看到他履歷表上最高學歷那欄，第一句話就問：「你父母知道你來應徵嗎？你有考慮過他們是怎麼想的？」這句話的殺傷力蠻大的，這不只是在說你大學都白唸、學費都白交了，還牽涉到自尊與道德的深層問題，就好像在指責你自己把社會階級往下走了，但這完全是個人的選擇，無關的他人不應該站在道德的制高點上去對別人的生涯規劃做出評論，這就好比多年前郭台銘斥責政大博士生跑去賣雞排是在「浪費教育資源」。這位博士生很擅長讀書、成績優異，從小被父母捧在手掌心，國小唸資優班、國中唸資優班、高中讀建中，考大學跌了一跤，沒考上台大，讀政大法律系，但卻跌破眾人眼鏡，政大畢業選擇賣雞排。高度同質化的社會，大家要爭奪同樣的東西，不僅價值評價的角度單一，競爭方式更是高度單一，所以形成內捲。

內捲漩渦

量子糾纏

NFT & NFR

What's Involution

3

內捲一代，躺平一族

★ ★ ★

　　近年中國最紅火的兩大關鍵字搜尋非「內捲」、「躺平」莫屬，中國年輕人選擇躺平的心境，對於台灣來說並不陌生。「躺平主義」在網路世界盛行後，似乎也蔓延到現實生活，年輕人認為社會階級固化，即便不躺平也會被弄到「躺下」，「躺平」體現的是「我不想努力了，反正薪水太少、物價攀升、房價太貴、未來無望，不如就躺平吧」，這是一種對現實困境的無言抗議，有一部分的年輕人認為自己再怎麼努力也不會獲得回饋、無法改變社會，與其渾渾噩噩地忙碌、過日子，不如隨波逐流並放棄崇高的人生目標，每天做自己、開心追求小確幸才是王道。

　　因為「躺平」這種意味著做一天和尚敲一天鐘、只圖清閒的特性，讓不少人誤認為躺平是「弱者」面對過於龐大的競爭壓力而做出的無奈之舉，但事實卻恰恰相反，躺平多發生在受過高等教育、有發展潛力的年輕人身上，崇尚「躺平主義」的中國年輕人常常會出現以下的幾個特徵：

- 不成為資本家剝削的對象，無論是成為廉價勞力還是買房、消費。
- 不為了加薪、升遷而努力工作。
- 維持低欲望的日常生活，降低開銷。
- 不談戀愛、不結婚、不生小孩。

躺平主義以「擺爛」為主的生活風格受到中國官方媒體的撻伐，南方日報甚至還發表了《「躺平」可恥，哪來的正義感？》一文，針對躺平的現象發表了帶著怒意的批判，這些報章媒體嚴正地譴責躺平主義，將這種生活風格貼上了不負責任與失敗者的標籤，甚至開啟了對躺平主義崇尚者的宣戰，發表了嚴厲的批評：「躺平，勤者不甘，勇者不屑，智者不法，強者不為。」這樣的生活模式被官媒批評為「精神上的鴉片」，即便如此，當官媒開始圍剿「躺平」的概念之後，還是有不少網友認同「躺平主義」並引用《論語‧為政》篇章中「學而不思則罔」的理念，認為聰明的人應該把大多數的時間與精力集中在重要的事情上，而重要的事情除了不斷嘗試之外，還必須要多加思考——奉行躺平主義能省下無意義的時間消耗，讓人能有更多時間去思考究竟什麼才是人生中最重要的事情，倘若明白這點，就能省下多餘的時間和精力，達到更好的成效。也就是「你雖然忙，但對社會的貢獻不如躺平主義信奉者」，如果能真正實現這一點，躺平就有可能變成「躺贏」。

躺平是「困境」中不得以而為之、受大環境所迫而出現的新

選擇嗎？似乎也不是，躺平現象往往在經濟高成長、生活高品質的國家和地區中產生，這種選擇能讓一些年輕人滿足於當下的「小確幸」，靠著計算奮鬥的CP值而更有效率地運用時間，所以躺平並不可恥，這只是一種不爭不搶的新態度，具有以不變應萬變的生活智慧，是一種認清了個人的限制後，以不卑不亢的姿態存活於世的靈活思維。躺平後活得更實在或更頹廢取決於個人的想法，而這些想法與環境等綜合因素息息相關，躺平之後不會有成為頂天立地之人的壓力，可以用更輕鬆的視野去看看天、看看地，看看自己所身處的空間有多麼的壯闊。

如今內捲在中國已和「競爭白熱化」的現象緊密連結，但為何要內捲才能過活？一定要內捲才能出頭嗎？用另一種極端作為的躺平心態又一定能好好地過日子嗎？

早期的哲學家伊曼努爾・康德（Immanuel Kant）用「Involution」與「Evolution」作為演化的對比，Involution的前綴詞「In-」代表向內，Evolution的前綴詞「E-」則是向外，凸顯演化具有向內追求與向外追求的特性。但Involution與Evolution在翻譯成中文時被加上了正面、負面的意含，於是Involution就變成退化，也就是現在所謂的內捲。內捲到極致會變成革命，而Evolution則是翻譯成進化，具有變得更好的意義。

陷入「內捲」的社會會加強階級固化，對個人而言，會造成時光在無聲無息、不知不覺中虛度；對社會或機構而言，大量人力默

默地做「無用之功」，白白浪費社會資源、降低整體效率，因此而削弱對外的競爭力。例如：中國擁有無數的博士、教授，但中國的科技創新、競爭力卻與之不相稱，這或多或少與教育體制和科研體制的「內捲」設計有關。《進化式運營》一書的作者說過：「中國式的內捲，簡單說就是一種活動，參與了獲得的不多，但不參與就肯定出局。」就像考大學，考生們所有的生活都繞著考試科目轉，任何脫離綱領的想法都沒意義。

因此，學生得到的只是考試能力，而不是知識，但知識才能用於生活上。我們可能會笑中國正在內捲，但其實台灣早已步入了「內捲」的困境中，狀況可能還更為嚴重。例如清潔隊、郵局招人，理論上只要具備高中學歷即能符合需求，但卻在應試時要求要有大學學歷，甚至還有部分的碩、博士生參與競爭。值得慶幸的是，現在有些台灣年輕人不再被考試與就業所束縛，新生代有更多人是選擇返鄉創業或是追求自我，試圖走出自己的路，雖然內捲漩渦始終存在著，但無論是努力開闢新道路的勇者，還是那些透過吃大餐、購物等方式獲得「小確幸」的人，其實都是用自己的方式去對抗對生活中的無奈，以積極或消極的人生觀去抵禦過度競爭的病態環境。

2021年，中國的社群論壇上有網友發布一篇貼文〈躺平即是正義〉，寫著：「兩年多沒有工作了，都在玩，也不覺得有哪裡不對，因為壓力的起因主要都來自周遭的人互相比較，要不斷尋找

內捲漩渦

量子糾纏

NFT & NFR

自己的定位，更要滿足長輩親友的傳統觀念……這些會無時無刻在身邊出現，每次新聞熱搜也都是哪個明星戀愛、懷孕之類的『生活周邊』，這就像某些『看不見的生物』製造特定的思維強壓在你身上，但人大可不必如此。我可以像第歐根尼一樣（古希臘哲學家，住在一個木桶裡，所有財產只有一只木桶、一件斗篷、一根棍子和一個麵粉袋）在自己的木桶裡曬太陽，也可以像赫拉克利特一樣住在山洞裡思考『邏各斯』。既然這片土地上沒真實存在高舉人主體性的思潮，那我可以替自己創造，躺平就是我的智者運動，只有躺平，人才是萬物的尺度。」

此篇文章發布後獲得熱烈討論，並對「躺平主義」下了一個總結：「不買房、不買車、不結婚、不生小孩、不消費」。針對內捲和躺平現象，你會發現內捲跟躺平其實代代皆如此，面對無止盡的競爭與內捲，消極派自然就會慢慢出現，他們就是所謂的躺平一族。不論是日本的不婚主義、歐美地區的尼特族，還是歸巢族、台灣的小確幸心態，都算是躺平的其他展現方式。

What's Involution

4

社會轉型的臨界點已到來

★ ★ ★

　　內捲化概念之所以會開始流行，是因為許多的企業、家庭或個人長期投入到同質化且無效的激烈競爭中，當這種競爭並沒有對任何一個社群或個人帶來更大的回報與能力的成長時，人們自然就會開始探討這種現象是如何產生的。

　　在近幾年裡，恐怕沒有一個詞彙比「內捲」更適合形容整個社會的狀態，因為這個概念極好地契合了疫情之下人們別無選擇的現況，在多重的重度壓力之下，人們不得不面對激烈競爭的現況，因此讓社會長久以來存在的痼疾浮上了檯面。各種超時工作的「過勞死」事件，就是「內捲化」之下超高強度勞動的嚴重後果，很多人對此感到苦不堪言但又無法擺脫，對社會現狀感到無可奈何。那麼在面對嚴重的「內捲化」社會時，到底還有沒有其他選擇？

　　美國人類學家借用戈登威澤的內捲化概念來研究爪哇的水稻農業，在 1963 年出版的《農業內捲：印尼的生態變遷過程》一書中描述「沒有發展的勞動力密集投入」，他發現這些農民自古以來就

不斷地在田地裡精耕細作，儘管他們非常勤快，但水稻的產量成長卻很有限，他們的產出量其實是遞減的。從這個論述出現之後，內捲就開始被廣泛應用於經濟史研究中，某種程度上與當時「停滯的東方社會」或「亞細亞生產方式」產生共鳴，可以用來解釋為何西方之外的地方無法自主發展出現代化的社會。學者馬克・艾文斯在這個理論上進一步歸納出「高水準均衡陷阱」，提出亞洲傳統社會所面臨的巨大壓力，也就是龐大人口所導致的資源匱乏，以及勞動力過剩而產生的資本短缺。這種現象與歐洲近代的狀況恰恰相反，在人口基數大的社會裡，所有人都在原有的模式裡越做越細，但這只是在一個簡單層次上不斷的自我重複，而不是透過漸進成長或突變進入更高的層次。這也是內捲和職人精神的主要區別，雖然職人精神也有著大量精力的投入，但它並非只是簡單地重複，而是精益求精地追求最大化、最佳化，職人精神是日本封建社會職人制度的產物，它雖然同樣不能中途退出，但因為往往是子承父業，所以不需要面對大規模的同質化競爭，能達到近似於歐洲行會制度的效果。

職人、行會可以經由壟斷獲得穩定的高利潤，避免陷入效益遞減的內捲漩渦。在一個開放、動態的市場機制下，資本會本能地尋求效益最大化，因此，一旦內捲到完全無利可圖時，自然會有人退出或尋求開闢創新的模式。但傳統的華人社會是一個由無數同質化村莊組成的小農社會，每家每戶都會種地，但也只會種地，人們精

耕細作的目的也並非尋求資本增值，而是為了基本的養家餬口。在這種情況下，小農社會的人們很難意識到、甚至也很難理解，同質化競爭的結果會導致自己的產品（糧食）和勞動力都變得越來越不值錢，因為人們的思維不像資本主義那樣是市場導向的。這個詞與西方工業革命出現的突變式發展相對比，就能用以解釋「為什麼西方做到了，但東方沒有做到」，因為內捲的反面即外捲，也就是革命。社會中是否出現了內捲，其實是從結果中倒推出來的：因為沒有出現破壞式創新、自發實現現代化而躍入更高層次，所以再多努力也只是原地轉圈，沒有任何進步。

有三個關鍵內涵是這個概念的核心部分：首先是「效益」，用更少的勞動力創造更多的價值；其次是「創新」，如何找到新的模式來消化過剩的勞動力，或是在既有的模式下進行同質化競爭，這涉及到這個社會是否足夠開放，能讓人們有豐富多元的選擇；最後是「發展」，即不斷投入的勞動力是否能帶來成長、擴張和轉型，由量變到質變，最終導向創造性的變革。當資源變得稀缺時，想要勝出就必須拼盡全力獲取微量的優勢，形成「高度耗能的死胡同」，這就好比「千軍萬馬過獨木橋」，陷入了進退兩難的境地之中。如何擺脫這種困境？從社會層面來說，一個組織或一個經濟體為了避免內捲，就應當研發新技術、優化流程以提升效益，同時不斷鼓勵創新，創造更高的價值去帶動整體的轉型與升級。這在市場機制下原本不是什麼問題，因為效益差的組織自然會被淘汰，只有

那些能靈活應對挑戰的組織，才能在不斷摸索、創新中成功勝出。從這一意義上來看：「內捲」現象本身就是社會機制市場化不夠徹底所造成的，低效的組織沒有被淘汰掉、高效、創新的組織卻無法獲得充足的回報。

　　對於身處組織中的個體來說，擺脫內捲就更困難了，但有一點至少是明確的：只有不斷拓展、創造新的機會，擴張現有資源，讓每個人都充分自主地的選擇機會，他們才不會陷入不斷增強的內捲之中。內捲在教育上的影響尤為明顯，如果教育是實現階層流動唯一途徑，那就算人人都有機會上大學，還是避免不了會從幼稚園就開始捲，因為北大、清華的名額始終是有限的稀缺資源。只有允許多樣的發展途徑、鼓勵差異化競爭，才能打破這種高度一體化、不允許失敗和退出的惡性競爭機制。值得慶幸的一點是，如今人們都在談論「內捲」，意識到問題所在就是通往改變的第一步，全社會普遍發現問題的存在才有機會改變現狀。真正沒有希望的人，是那些參與內捲卻不覺得不對的人，這些人甚至還覺得這是理所當然的事情——事實上，這在傳統社會中不會被視為問題，因為人們想不出其他可能。或許內捲正是社會在轉型過程中進入臨界點的必經過程，代表蘊藏著巨大潛力的社會在危機和尋求變革的道路上，遇到了一時難以突破的瓶頸。此時，如果不能實現動態調整和市場擴張，那人們便會本能地尋求對稀缺資源更公平的分配機制。

What's Involution

窮就算了，為什麼還越來越忙？

★ ★ ★

1930年，經濟學家凱恩斯曾預言一百年後（2030年）人類會因無所事事而煩惱。他認為生產力會持續發展，未來人只要每週工作十五小時，就可以徹底擺脫貧困，也就是到了2030年，人類每週只要工作五天，每天工作三小時即可。但很明顯現況不如他預期，現在的人所面臨的問題是不得不加班三小時，而非每天只要工作三小時即可。沒想到現實卻朝另一個相反的方向發展，樣樣背道而馳，延遲退休、加班文化盛行，自上世紀八〇年代開始，日本、台灣、韓國……各國都或快或慢地進入「過度疲勞的社會」。

在現今的內捲亂象下，你是否有想過自己到了七十歲還無法退休，要像現在這樣拼命工作，每天看著電腦螢幕、敲著鍵盤、做著簡報，遲遲無法退休過著養老生活？這樣的假設絕不是危言聳聽，因為現今的社會模式，會讓世界上的所有人都不可避免地成為「過勞世代」中的一員。

科技一直在進步，機器不斷取代人力，但卻有種一代比一代

操勞的感覺。以美國為例，自四〇年代到八〇年代間，美國的生產效率提高兩倍，也就是說現在只需要耗費一半的時間，就能創造出四十年前的財富。以這推論來說，那現在八個小時的工時，理應要縮減為四小時，但沒想到現實卻恰恰相反，九〇年代起，美國正式迎來「過勞時代」，工時不減反增，反而多出二個小時！位處亞洲的日本更甚，在八〇年代便率先迎來過勞時代，現在年輕人常說的「社畜」就是日本上班族對自己的嘲諷。二戰後科技突飛猛進，起先絕大多數的國家勞動時數確實開始縮短，但到了八〇、九〇年代卻出現逆轉，先進發達國家的員工勞動時數都突然開始增加，發展中國家也後來居上，尤其是亞洲地區。二十一世紀，香港、台灣、泰國、印度……等國家的勞工，每週工作時長都超過四十五小時，勝過原先工時最長的日本。數據顯示亞洲地區有超過30％的人每週工時超過五十小時，10％的人超過六十小時，這實在是一件吊詭的事情，明明科技在發展，生產力在進步，卻越發沒有享受到歲月靜好的生活，伴隨而來的只剩各種壓迫下的苟延殘喘，導致這種現象的原因分析如下：

✪ 反生產力

俗話說「物極必反」，既然有「生產力」，就一定會有「反生產力」。什麼是「反生產力」呢？簡言之就是，我們發明工具

本是為了提高效率，但是越往後卻發現越阻礙效率。例如，以往向主管或客戶報告，往往只要準備一份簡單的手稿，但隨著1990年Power Point（以下簡稱PPT）上市，便開始把它作為重要的簡報工具。你發現沒？原本只要花一小時準備手稿的報告，現在可能要花一天時間來做PPT，所以每一個熬夜做過PPT的人，大概都罵過推出這個程式的微軟。PPT哪裡解放了勞動力？明明是在消耗勞動力。

汽車在某種程度上也是「反生產力」的代表，當初我們發明汽車，是為了節約時間，比如汽車每小時可行駛五十公里，而步行每小時只能走五公里，但汽車真的為我們節省了時間嗎？你是否曾算過，若要買一輛車，必須工作多長時間、存多久才存夠呢？假如你年儲蓄三十萬，這輛車卻需要八十萬，那麼你為這輛車整整工作一年還買不起，這還沒有算上你為了找停車位、支付保險、維修保養、油錢和罰單等需花費的大量開支和時間。而且隨著交通越來越擁堵，汽車的行駛速度也在下降。實際上，如今在都會區的上下班尖峰時間汽車的真實平均速度每小時還不到六公里，也就是說，車速和步行速度其實差不多。除此之外，還必須花時間和金錢去考駕照。從社會的角度去看，汽車不僅在消耗消費者的時間和精力，同時它也在消耗生產者的時間和精力。據2022年的數據統計，僅福特這一家企業就擁有十八萬員工，這些員工原本可以為全世界種植玉米、小麥，就能養活上百萬的人，但他們現在卻在拼命設計、生

產和銷售汽車。而其他人呢？他們也在為買汽車而拼命地工作。這種勞動力的「浪費」是雙向的，所以，很多科技產物乍看是為我們節省了時間，但結果往往背道而馳，這就叫「反生產力」。

★ 內捲化影響

網路上對於內捲有個經典的解釋：一間電影院本來大家都坐得好好的，前排觀眾突然站了起來，你請對方坐下，但他卻不予理會，於是你也只能站起來，你後排的觀眾也因為被你擋住而必須站起來看，最後全場的觀眾都站起來看了。這時呈現一個滑稽的畫面，明明屁股底下有座位，大家卻不能坐下，一個個杵在那，彷彿一座座沙雕堡。

假設公司團隊有十人，每個人月薪平均有三萬五，大夥兒每天上班八小時，準時下班其樂融融。但其中一名想在老闆面前多表現，於是開始每天加班一小時，老闆看在眼裡，一個月後向員工們宣布每月除固定月薪外，會再根據每人的工作績效發放獎金，那位員工確實被老闆看見了，也獲得他努力付出應得的報酬。但在這樣的情況下，姑且不論是否想多賺點錢，若沒有跟著加班，彷彿被貼上績效不佳的標籤，於是其他人也只能效仿了。最後形成一種惡性循環，為了加班而加班，所以中國職場也傳著一句話：「讓你996的並非是你的老闆，而是其他願意996的同事。」這句話聽起來

雖然極為諷刺，但十分貼切且真實。所以，在內捲化發展下，很難有真正的贏家，全體捲入者都默默承受著代價，就好比哲學家湯瑪斯‧霍布斯（Thomas Hobbes）說的：「這是一場人對人的戰爭。」

⭐ 人力被生產工具取代

工業革命時期，有一群工人們紛紛主張要摧毀機器，這是為什麼？因為機器是他們的假想敵，機器從不討價還價，每天就不斷投入生產，也不會去搞什麼罷工遊行。最重要的是，機器不僅力氣大，技術也非常好，不太容易出錯，工人的產能和機器無法相比較，所以工人自然而然地萌生厭惡機器的想法。當時的工人覺得機器會搶走他們的飯碗，但除了工作機會外，他們還要擔心另一個問題，那就是機器會使他們變得廉價。因為一旦實現機械化生產，很多工作便不再要求工人有熟練的技能。也就是說，以前還能靠力氣或技術和老闆討價還價，現在卻行不通了。

在電影《摩登時代》中，卓別林每天上班只要做一件事，那就是把螺絲擰緊，但這樣的事家庭主婦和小孩都會。所以工廠開始招聘大量的女工和童工，這些工人也進一步失去了議價權，他們每天可能要工作十二小時，勞動強度大，薪水卻很低，還不得不妥協，否則就要面臨失業的困境，足見當時的工人是毫無選擇可言。

到了八〇年代，與工業革命類似的情況再次上演，各大公司和工廠開始使用電腦作業，專家們斷言電腦象徵著後工業時代，電腦消除了以往千篇一律的勞動模式，每個人都成為腦力勞動者，但後來發現整天敲鍵盤的工作模式和在工廠組裝零件一樣單調乏味。

在工業革命時期，大型機具使藍領階級變成廉價的低專業性勞動力；之後，電腦又把白領變成廉價的低專業性勞動力。YouTube上有人這麼寫道：「到職後，公司給員工配了一台電腦，表面上是每人擁有一台電腦，但其實是替電腦配了一個人。」

這句話隱晦地指出，每台電腦前面的座位其實和生產線上的機位沒什麼區別，坐在電腦前認真打字、製作PPT的上班族，並沒有比那些踩著縫紉機的女工來得高大上。勞動者本就是為了生產而存在，無論工具如何改變，這底層規律不會改變，只是隨著科技的發展，生產工具有所不同，但也因此打破了工作和生活之間的界線，漸漸地工作也帶回家中，根本無法從工作中抽離。之前曾經有過這樣的一則新聞：一名電腦工程師特別請了婚假，但沒想到結婚當天公司的伺服器癱瘓，這位新郎倌不得不在宴席間打開電腦搶救。亞里斯多德曾說：「大自然厭惡真空。」反觀我們發明的工具又何嘗不是如此呢？原先期望工具能幫助人們解決問題，但科技就像兩面刃，將工作和生活的邊界打破，吞噬掉原先尚存的時間和精力。

消費主義的盛行

《飽食窮民》是日本著名記者齋藤茂男的一部紀實類文學作品，記錄了房地產泡沫破碎前的日本社會，故事雖然發生在早些年前的日本，但是和現今社會所面臨的困境很相似。

一群長期處於高壓環境的上班族，因為感到焦慮，在別人的介紹下參加心靈諮詢團體尋求慰藉。活動內容很簡單，甚至有些荒誕。比如他們會向眾人講述自己最隱秘的各種經歷，或是在黑暗中一起陷入回憶，活動過程中很多人哭了，周圍都是啜泣的聲音。這樣的活動費用要價幾十萬日圓，但參加者都認為相當值得，因為活動結束後，他們確實感覺自己的心情變好了。但這種活動真能緩解壓力嗎？其實從心理學的角度，這只不過是利用環境和集體影響，給人一種心理依戀，讓你在那段時間有種特別的體驗。但長期來看，你並不能得到什麼「解脫」，相反地，你還要付出很多金錢以及無法衡量的時間精力成本。

可能會有人提出反對，認為賺錢不就是用來消費的嗎？其實消費主義比消費只多了兩個字，但卻完全是兩回事兒。「主義」是關鍵詞，也就是「中心」的意思，所以「消費主義」就是一切以消費為中心的價值觀建構，讓你以為所有的快樂都建立在消費之上，甚至給你一種不去這麼消費，就無法跟正常人一般生活的感覺。

另一經典作品《消費社會》中，有一個駭人聽聞的觀點：一個

人在消費社會中，根本沒有所謂的自由。比如你是一名白領女性，可以自由選擇髮型、包包、造型，以及各種化妝品、護膚品，但你不會選擇你媽媽年輕時穿的花裙子。因為大家都會告訴你這東西「過時了」，若你執意要穿，必然會受到所在群體的白眼和排斥。而且你甚至會喪失不化妝、不洗頭、不洗澡的權利，為了迎合你所在的群體，你必須用相應的消費品來響應。

科技進步似乎在不斷提升人類的生活品質，然而，實際情況卻是現代勞動者陷入了一個看似無盡的內捲漩渦。從上班族不得不接受長時間的工作制度，到科技工具的反生產力現象，我們似乎被困在一個自己創造的框架中。更何況，消費主義的盛行不僅塑造了我們的消費習慣，也重新定義了幸福和成功的標準。人們似乎被高效率的工作和消費主義的潮流所推著走，忘卻了生活的本質和個人的內心世界。

我們需要重新審視自己的生活方式和價值取向；反思這一切的忙碌和努力是否真的為了一個更好的生活，還是只是社會結構和價值觀念的一種無形桎梏。是否可以在追求效率和成功的同時，也不忘關注自己的心理健康和情感需求？透過對自身需求的深刻理解和對現狀的勇敢改變，找到一條通往更平衡生活的道路。

How to Anti-involution

6

正視內捲，理性競爭，直球攻擊

★　★　★

《牛津詞典》每年都會公布該年使用率最高的年度詞彙，如 2019 年為「氣候緊急狀態」（Climate Emergency）；而 2020 年爆發 COVID-19，所有跟冠狀病毒相關的詞彙在當時快速迸發出來，《牛津詞典》官方無法準確定義該年的年度詞彙，因為它充滿以往從未看過的詞，但其實 2020 年除疫情外，內捲化議題同樣倍受關注，所以「內捲」（Involution）應當獲選。

到了 2021 年全球仍然深受 COVID-19 影響，《牛津詞典》年度詞彙為「疫苗」（Vax），也就是「Vaccination」（疫苗）縮寫。至於 2022 年的年度詞彙中，則能看到代表著躺平、我就爛的反內捲詞彙——哥布林模式（Goblin Mode），這證明了反內捲與躺平已經不只是少數人所遇到的煩惱，而是大時代下多數人所面臨的共同問題。那麼，是時候跳脫出無謂競爭的框架，走向嶄新人生了！

「丞相起風了！」赤壁之戰諸葛亮借東風，讓風向變為東南

內
捲
漩
渦

量
子
糾
纏

N
F
T
&
N
F
R

風，火燒連環船，成功擊敗曹操的三十萬大軍，而現在的情況亦同，在內捲形成一股社會現象飽受詬病時，終於有人跳出來矯正大眾的價值觀，默默颳起了一陣改變集體價值的風潮。

令人出乎意料的是，率先做出改變的還是一度強調「狼性文化」（指將狼野性、殘暴、貪婪、暴虐的特質轉化為一種拼博的精神，並應用在事業上）的中國網路公司——騰訊光子工作室。該集團試行不加班的規定，員工必須在晚上九點前離開辦公室，跳脫固有的加班文化，重新塑造工作氛圍和風氣。TikTok母公司字節跳動也宣布取消「996」、「大小週」（指一個星期只休息一天，隔週休息可週休二日）加班制，雖然有部分員工不滿取消加班使得薪水變少，但輿論普遍對此拍手叫好。各大企業紛紛做出措舉來「反內捲」，但究竟能否改善現今過度競爭的局面尚不可知，可知的是反內捲浪潮正席捲社會，從內捲走向反內捲，背後折射的是多個產業的變化和上班族們自我意識的覺醒。

政府提出「一例一休」的政策，強制打擊不當的工作制度，全面落實週休二日，使所有勞工每週可以有足夠的休息時間，以及可以彈性加班的空間，等於是變相改善過度競爭下的內捲加班現象。但在反內捲前，要先正視內捲這個問題，了解自己是因為什麼而導致內捲，才能知道自己要做些什麼來應對。其實內捲就好比是一場對有限存量的博弈，早期農業社會投入大量勞動力，試圖讓總產量成長，沒想到反而出現了邊際效益遞減的問題，形成一種「沒有

發展的成長」，同樣的行為若放到現代來看，就變成惡性的無效競爭。

現在的學習風氣其實就偏向惡性競爭，七、八〇年代的學生們很少會去補習班，家長也不會主動提出要送孩子們去課後輔導，但那時期的孩子出社會後照樣能夠青出於藍而勝於藍，做出一番成就。可是現在不同了，現在下課後沒有去安親班、補習班的小孩少之又少，家長們只怕孩子少學，不會認為學太多了！若你問那些家長：「這樣孩子不會吃不消嗎？」他們可能會回：「我也不想，但其他家長也都這樣，如果我不讓他多補一點，就跟不上其他人了。」

現今工作機會和求職者數量呈反比，就業機會相對較少，企業為尋求真正適合公司的員工，徵才條件日益提升，以剔除絕大部分的不適任者。在如此嚴苛的條件下，大家只好不斷拼命考取證照或是向上研讀、取得高學歷，以符合企業基本的求職門檻，久而久之社會便形成碩、博士滿街跑的現象，大學學歷也不再具有優勢了。

所以為什麼現在的人會越來越捲？

除人云亦云的從眾心理在作祟外，再者就是因為資源存量的爭奪戰，在資源固定或減少的情況下，競爭者人數維持一定或有所增加的情況下，大家不得不陷入一場莫名的博弈之中，於是，在內捲化日益嚴重的情況下，只能不斷提升自己的競爭力，去打敗其他爭奪資源的人。可能會有人認為這是好事，員工的強大能讓公司日漸

內捲漩渦

量子糾纏

NFT & NFR

壯大，但對深陷內捲漩渦的人來說，就會覺得相當痛苦，因為他們必須付出更多精力，而且這些付出並不見得會有所回報。

好比你跟同事每天努力工作八小時就可以共同分食一塊蛋糕，但你的夥伴想吃更多，於是他就獨自加班，而老闆為了獎勵他加班，便多給他一小塊蛋糕。你知道這件事之後心裡不太平衡，於是也投入加班的行列之中，最後你跟他兩人變成常態性加班，老闆久了也習以為常，覺得理所當然了，所以你們還是共同分食一塊

蛋糕。這就是當今社會下的內捲現象，在資源有限的情況下，個體與個體之間會出現激烈的競爭，但在資源沒有增量的情況下，只會產生一個對所有競爭者來說都吃力不討好的結局。且這只是現象層面的表象，從本質上來看，所有利益受損的參與者背後，一定會有一個獲利的第三方，若以職場來說，獲利的第三方就是所謂的資本家、公司老闆。所以，社會的內捲化有很大一部分的責任在於這個看不見的「第三者」身上。

How to Anti-involution

7

超越內捲是你的使命

★ ★ ★

　　美國人類學家亞歷山大・戈登威澤，首次使用內捲化這個概念來分析一些僵化、衰敗的文化模式和社會結構。而美國人類學家克利弗德・紀爾茲在《農業的內捲化：印度尼西亞生態變遷的過程》中，借用戈登威澤的內捲化概念，來研究爪哇的水稻農業，思考為什麼農耕社會長期沒有較大的突破。農耕經濟越發精細，你可能會想說，若在每（土地）單位上投入的人力越多，產出也會相對提高，可實際上在一個地區中增加人力所提高的產出，其實只能夠保證該人力本身的溫飽，就算付出更多的成本，也會跟收益互相抵消，形成一種平衡狀態。這種把更多的勞動力投到一個固定產業裡，不斷重複簡單再生產，而非尋求產業升級（如工業化）的現象就是內捲化或過密化。

　　內捲，本意是指人類社會在一個發展階段達到某種確定的形式後，停滯不前或無法轉化為另一種高級模式的現象，如今不僅是網路科技業，在教育業甚至整個社會都已經陷入內捲的泥沼。尤其

內捲漩渦

量子糾纏

NFT&NFR

近年內捲被廣泛使用，反映出世界各地的人們在社會和經濟的流動性、流通性因為種種原因下降後，找不到更大的發展空間、交往空間、融入空間，陷入困惑、苦惱、無助感和邊緣感。內捲化狀態大致有這樣一些特徵。

- 成長和發展出現瓶頸，因此感受到壓迫感且無法突破現狀。
- 簡單重複的狀態，感覺不到個人的存在感和自我價值。
- 人際關係匱乏，或在人際往來中有乏力感。
- 組織間的內耗，明明每個部門都很努力，但這份努力會互相抵消。
- 對外的肯定性、包容性和接納性下降，負面情緒和敵意上升。

人無法二十四小時啟動，也不是永遠不知疲倦的機器，但每個人都有遭遇內捲化危機的可能。像是書籍報刊的撰寫者們，也可能會經歷過內捲所帶來的無力感，因為坊間有太多作者在共同競爭，就算是不同領域、不同知識區之間，也有可能會出現題材連動、連結時事的狀況，為了在有限的市場中脫穎而出，就必須將內容更快、更豐富地呈現在讀者眼前。但一直維持在這樣高強度的競爭中，總有一天會遇到不知道要寫什麼、能寫什麼的問題，也會因此對寫作的生涯產生短期和中長期的焦慮，擔心無法一直符合讀者的期待。

五十年前，很多人家裡沒有電視和自行車，一旦有一戶人家買

了電視、自行車，炫耀和比較的心態便會在街坊鄰里的心中滋長。如今早已沒有人會炫耀自行車和電視機了，比較的內容轉移到了其他方面，同班同學在大學畢業五年內比較自身的能力、畢業十年後比較家庭條件有沒有買房、畢業若干年後比較孩子的成就，形成病態式的較量心理。

為何現代人越來越愛「比較」呢？這或許與當下資訊傳播分享途徑的豐富和快捷有關，以往受限於技術發展，人們只會和身邊周遭的人暗暗較勁，沒有這麼多機會及時迅速地了解、回饋與傳播個人資訊，大家不知道你在「比」。但隨著社交媒體的逐漸豐富，人們比較的距離與物件都發生了變化，LINE、FB、IG……不管是認識還是不認識的人、群體內外的生活，都能成為你心中默默比較的對象。

有個團隊曾做過一個有趣的研究，發現人們普遍覺得他人比自己更在乎「內捲」、更容易做比較。例如當老闆和員工說：「公司有一個比較趕的案子，有誰自願要接？」這時「捲」的人就站了起來，開始風風火火地行動，「佛」的人坐在那兒繼續默默做自己的事情。「捲」往往會體現在行動上，人們更容易注意到舉手說「選我」、做出行動的人，忽略那些埋頭不動的人，久而久之大家就會感覺周圍人都很「捲」，社會很「捲」，正是因為人的選擇性注意，使他們忽視了佛系的人群。或許人們並沒有相較於上一代更愛比較，只是在技術、社會與媒體對內捲現象的推波助瀾下，感受

到更激烈的內捲洪流。就個人層面而言，你理想中的生活，與現實中大眾認知的生活方式一樣嗎？如果不同，你選擇了哪個？相信許多人還是選擇了後者，因為隨大流給人安全感。但唯有正視自己的使命追求，才能找到並實踐真正適合自己的路，以避免陷入內捲漩渦。

這讓筆者想到兩個故事，第一個故事是《偽魚販指南》的作者，他出身魚販世家，從小書就唸得不錯，大學還是讀交通大學，但最後仍投身賣魚市場。別人問他：「都讀到交大了，為什麼要去賣魚？」他父親也說：「反正要賣魚，書幹嘛讀那麼高？」提到交大畢業的，職業應該大部分會跟工程師相關連的，但他最後選擇賣魚，選擇沒有對錯，只關乎那是不是你想要的。

第二個是墨西哥漁夫跟美國商人的故事。一名美國商人去墨西哥度假，發現墨西哥漁夫隨手就能捕撈到好幾條大黃鰭鮪魚，便問他平時都在做什麼？漁夫回：「每天都睡到自然醒，捕幾條魚到市場賣，然後回家陪老婆小孩，再跟哥兒們鬼混、喝酒，非常充實。」美國商人建議墨西哥漁夫應該多捕幾條魚，然後買幾條大船，組織自己的船隊，搬到美國建立自己的企業，賺更多錢。墨西哥漁夫反問：「然後呢？」美國商人回：「就可以在墨西哥買間別墅，每天都睡到自然醒，好好陪老婆小孩，放鬆自己。」墨西哥漁夫說：「那不就是我現在在做的事嗎？」

就企業層面來說，了解自身使命，可以避免走入競爭的死局，

才不會落入「寧可累死自己，也要餓死同行」的局面，轉而邁向賽局的活路，在賽局思維裡，雖然也有競爭對手存在，但目的不在於致競爭對手於死地，追求什麼你死我活，而是要組合出適合自己的路，創造出雙贏。

內捲漩渦

量子糾纏

N F T ＆ N F R

與其等待拐點，不如創造拐點

你想為自己打造有利局面，扭轉賽局嗎？你想成為強者越強中的強者嗎？
「馬太效應」說：每一次成功都將為下一次成功創造更好的機遇。
勝利會增加你的資源，增加再次獲勝的可能性，
因為成功會像滾雪球一樣越滾越大。
一步領先，步步領先；你的成功拐點和突破口，就是——
成為名人／專家／權威領袖！
出一本書／成為國際級講師，
就是你躍進強者階層的最短捷徑！

國際級講師培訓班

出書出版班

How to Anti-involution

8

逃離內捲漩渦，創造獨角人生

★ ★ ★

　　升學制度、加班文化、削價競爭……讓人像是在原地自轉不停的陀螺一般，一停下來便倒地，所以唯有創新、反內捲，跳脫內捲效應，才能突破困境，脫穎而出。從某種程度上說，價值前凸就是對未來的準確預判，透過這種精準的預判，可以對某些未來可能需求高漲的領域提前布局，利用超前的產品來啟動消費者的潛在需求，從而佔據市場先機。

　　換言之，懂得創新的人不是迎合時代，而是在創造自己的時代。從這個角度來說，不是作為消費者在享受創新的結果，而是創新者藉由不一樣的產品和服務，引領一個世代的消費和生活習慣。以速食業來說，目前速食市場已趨飽和，有的競爭優勢是服務品質、有的競爭優勢是獨特環境，也有的競爭優勢就是極致單品戰略所帶來的優質體驗。消費者會因為服務而滿意，也會因為環境而傾心，但餐飲業發展到最後，比拼又會變成產品的品質，同樣陷入內捲漩渦中。傳統西式速食的定位具體而言，麥當勞等於大麥克漢

堡、肯德基就是吮指回味的薄皮嫩雞，基本上都將鎂光燈聚焦在「產品」上，強調產品的品類、口味、形式等，這就是「產品為王（Product Leadership）」定位方向。這在競爭單純的初期市場確實是絕佳策略，因為主打品類及明星商品更容易讓消費者記憶與聯想，從而幫助品牌取得市場領先地位。

然而，隨著越來越多的競爭者加入戰局，市場漸趨飽和的情況下，再難找到能佔據品類，劃地為王的空間。同時，隨著經濟發展與生活型態的轉變，速食高熱量、高脂肪、高蛋白的「三高原罪」，以及包括回鍋油、基改、禽流感、萊豬等食安疑慮，也讓健康意識逐漸抬頭的消費大眾望而卻步。在台灣市場稱霸多年的速食龍頭麥當勞也因此不得不改變運營模式，改以區域授權模式經營。麥當勞不是唯一受到衝擊的速食業者，對速食業的諸多討伐也絕不僅止於台灣，事實上，全球速食業者都正面臨著嚴峻的市場挑戰，所以業者必須跳脫過往傳統「產品為王」的定位方式，從新時代消費族群的邏輯出發，了解他們的需求與渴望，並設法用他們覺得酷的方式，將價值主張傳遞給他們，這並非一味迎合消費者的需求，因為消費者通常說不出自己要什麼，必須察其所需、投其所好，給他們超越期待的驚喜！

以消費者的角度出發，以下是幾個在餐飲業中有效的創新方向：

內捲漩渦

量子糾纏

NFT & NFR

❶ 口味國際本土化

速食一詞源自西方，最早是指以油炸、煎、烤等可快速烹調與供應，且通常不需使用餐具，可徒手拿取、快速食用，也方便外帶及外賣的食品，如漢堡、炸雞、薯條等。但其實可以依據當地消費者口味與心理來推出創新產品，只要守住「食品工藝標準化」的快餐本質，無論西式或本土化不過都是名詞而已，一旦能抓住消費者的眼球及口味，再怎麼跨界也不為過。

❷ 環境休閒餐廳化

隨著全球「快速慢食（Fast Casual）」風潮的興起，業者可以從產品及餐具包裝、門店環境的裝潢、用料、傢俱選擇到服務流程等部分開始研究，從追求效率及標準化的「速食店」，蛻變為講究服務與客製化的「休閒餐廳」，如果還能進一步地重視食材的新鮮安全、製程的透明化，以及輕鬆舒適的用餐環境，就能滿足當代消費者對健康、舒適及個性化的用餐需求。

❸ 服務科技智慧化

隨著網路、智慧型手機、第三方支付甚至是區塊鏈等科技的興起，智慧科技已經徹底改變了人類的生活方式，餐飲當然也不能例外；為了更好地應對這波浪潮，業者可以思考智慧型門市，導入掃描QRcode或觸控點餐的智慧型點餐系統，像是麥當勞及摩斯漢堡

的門市都已做了這樣的轉型，同時也讓消費者DIY屬於自己口味的個性化餐點。

近年在區塊鏈與元宇宙NFT的熱議下，米其林國際名廚江振誠推出業界首創「可以吃的NFT」，這NFT不僅可以拿來在江振誠素有「全台最難訂位的餐廳」之稱的名店RAW中，享有優先訂位權乙次，還可以讓同行者在餐廳中加購兌換專屬料理，對美食饕客而言，吸引力極高。用餐過程中，前面大部分的用餐體驗都跟平時相同，上到最後其中一道名為「Pomme et Terre」的甜點時，服務人員會協助戴上VR頭盔，接著觀賞一段講述食材故事的VR影片，最後會有一顆蘋果掉落到桌上，拿下VR頭盔後，影片中的蘋果由虛入實幻化成眼前餐盤上的甜點，打造出前所未有的新奇體驗。

價值前凸式的創新，除了能夠透過產品或服務吸引消費者外，在科技發展方面也具備引領作用。在很多技術領域，都是個別企業或個別人的超前發展帶動了整個行業的進步，以前的人藉由書信溝通，後來有人開始投資電話。當我們還在享受電話帶來的便利時，已經有人在布局網路產業；當我們進入網路時代，又有人先我們一步，開始向行動網路領域進軍。而現在區塊鏈元宇宙和Web4.0時代即將到來，在思考如何創新時，也應將思維投放到區塊鏈領域之中。

內捲漩渦　量子糾纏　NFT & NFR

　　討論到這，相信大家對於價值前凸這種創新的思維方式已經有了充分的認知。只有價值前凸，對未來形成準確的預判，才能做出創新。只有做出創新，人類才會按照提前布局的方向去發展，你才能獲取更多的收益。不過，企業雖然需要價值前凸的超前預判去進行破壞性創新，但同時也必須保證趨勢或熱點是可以被消費者和市場所接受的。簡單來說，就是你可以領先於人類，領先於市場，但是不能走得太遠，否則可能曲高和寡，即便創新成功，也很難得到市場的認可。

　　電影《頭號玩家》相信很多人都看過，影片中利用VR虛擬實境技術向觀眾呈現一場震撼的視覺盛宴。一提到VR，很多人都認為這是一種最新的高科技，其實早在二十世紀八〇年代中期，就有很多企業意識到虛擬實境是遊戲產業未來發展的趨勢，但早期的軟體技術也不具備承載虛擬實境內容的能力，再加上螢幕解析度低，因此畫面十分不穩定，使用者甚至會出現頭暈和噁心的症狀，VR因而沒能發展起來，一直到現在元宇宙概念推出，VR再度被提出討論，且現在技術已不同以往，擁有基礎能力強大的硬體和處理能力極強的軟體，才讓越來越多公司重新回歸虛擬實境遊戲領域。

　　類似的情況還有九〇年代推出的網路電視（Web TV），當時有公司意識到電視和網路可以結合在一起，微軟還花了五十億美元收購一間網路電視公司。儘管研發出的產品實現了網路與電視的連接，但當時的網路應用技術尚未發展到相應的水準，很多網路上的

內容都無法在網路電視上呈現，使用體驗很一般，沒有在市場上掀起太大的浪花。

如今技術大幅提升、成熟，網路電視又重新登場，數位機上盒推陳出新，更有YouTube、Netflix和Disney＋等影音串流平台先後推出，徹底改變了電視產業，逐漸取代普通電視成為主流。

價值前凸是好事，透過超前的準確預判完成破壞性創新，足以打破桎梏，從內捲漩渦中逃出來，但你預判的眼光又不能過於長遠，如果創新的方向超出當前行業所能承載的極限，那即使你的方向正確，設計出來的產品也未必能達到預期，且超出認知太多的產品，往往也會讓人難以接受，就如晚清時期的人以為照相機是用來吸魂的工具一樣。

任何事物都有自身發展的極限，創新者雖然創造時代，但創造出來的事物要能夠被人們所接受才是重點，所以講求創新的前提是不要好高騖遠，凡事只要領先半步，就足以讓消費者感受到新鮮與驚喜。

除創新外，還要留意以下觀念。

首先是長期主義，做難而正確的事情並長久地堅持下去。什麼是難而正確的事情？舉減肥來說，減肥確實是一件很難的事，但擁有良好的體態和飲食習慣，對自己的健康大有幫助，所以這就是一件難而正確的事情，還有學習，對有些人來說，學習可能是簡單的，因為這是他的興趣，可是對有些人來說卻是吃力的，但學習這

內捲漩渦

量子糾纏

N F T ＆ N F R

件事可謂百利無一害。再另外還有創業，雖然困難，但只要能堅持下去，就是有機會能成功。正如林偉賢老師常說：「進入得夠早，堅持得夠久。」就是因為困難，所以一般人可能做不到，若能堅持下去，你的路便會越走越廣，自然也能夠跳脫始終在原地踏步的內捲競爭者們。筆者試舉奉行長期主義的Amazon創辦人貝佐斯（Jeff Bezos）為例。

一般傳統零售業的毛利約為30％，而沃爾瑪將毛利壓到20％，Costco則將毛利大幅壓到7％，讓利給消費者，看到這你可能已經覺得Costco很不可思議了，竟然能如此佛心，但你萬萬沒想到的是，Amazon的毛利率為3～4％。貝佐斯認為，消費者不管在哪個年代，都想用最便宜的價格、最快的效率，買到高性價比的產品，Amazon便透過這種方式，吸引更多的用戶，因為有更多的用戶，所以Amazon可以整合更多的供應鏈；因為有更多的供應鏈進來，消費者就可以買到更多的產品。在如此操作下，Amazon的消費者跟供應商的基數多了之後，他就擁有了訂價權，因為人人都想和他合作，都會想到他的平台上買東西，成就了一個良性的成長，因而形成了成長飛輪。

飛輪是一種重型的旋轉輪，當它靜止時需要花費許多精力才能使其轉動，但當它找到動力時，就會越轉越快。最終結果是飛輪轉動後能夠用更少的力氣，達成更有效率的運動。因此，Amazon也將「飛輪效應」稱為「良性循環」，它是一種向平台生成流量的實

施方法。另外一個例子是大家都知道的 Netflix，很多人甚至還在這個影音平台上看過影片，Netflix 提供強大的影音串流服務，深受消費者喜愛，但你知道其創辦人里德·海斯汀（Reed Hastings）曾被媒體評選為最爛的老闆嗎？

最早影片產業的發展？是由一間家庭影視娛樂供應商百視達，透過購買電影版權製成 DVD 光碟，成為擁有上千家門市的電影出租巨頭。之後隨著科技發展，人們對網路的使用量越發龐大，從 PC 到行動裝置，也促使影音串流平台的崛起，現在要討論的 Netflix 就是屬於這種性質。Netflix 在 1997 年成立，最早是一家從事實體業務的網路媒體公司，以單片收費，改成訂閱吃到飽的方式，透過網路讓用戶選擇要租什麼電影，再郵寄 DVD 給用戶，每月付不到二十美元，也就是看得越快就能看得越多、越划算，以一種全新的服務模式，打敗百視達。但「在家看電影」這個市場也有著許多競爭者，包括有線電視等，那可不是郵寄 DVD 就可以取代的。

Netflix 的優點是可以選擇自己想看什麼，而有線電視的優點則是打開就有得看，這兩種模式實為互補，當不知道想看什麼的時候就打開有線電視，若有想看的電影，就上網到 Netflix 租片。這時 Netflix 便想，為什麼不能兩個都做呢？且未來又是以網路為主的時代。於是 Netflix 二次轉型為網路串流平台，不過 Netflix 也知道光改變「通路」是不行的！很多人都以為進了一個新通路，就等於成功了，但真正會掐住你脖子的可能不是通路，而是供應商。

內捲漩渦

量子糾纏

NFT & NFR

Netflix 意識到電影的片商恐怕才是真正的大魔王,不管是租片或串流,若沒有貨源,空有通路也沒有用,所以 Netflix 手上有資本之後,就開始進行投資,買斷小型片商作品的發行權,結果讓原本的劣勢轉變為優勢:以前擔心自己只有通路沒貨源,現在越來越多的貨源,還只有自己這個獨家的通路。

而且 Netflix 的另一個優勢便是網路平台,比起傳統片商對觀眾的喜好是憑經驗然後用猜的、用賭的,Netflix 讓數據說話,然後自己出資拍攝影集和電影,成為內容生產者,自己經營自己的 IP,一路走來遇到許多困難,因而必須不斷轉型,最後取得了成功。長期主義只要做到以下幾項,就能成功反內捲:

- 勿誤判:高估了自己一天的能力,卻低估了時間的力量(短視近利)。
- 懂得運用時間的複利去做難而正確的事情。
- 進入得「夠早」、堅持得「夠久」。
- 起點有多低不重要,重要的是我們有沒有每天在進步。
- 這個時代不是比誰大、比誰強。
- 而是比誰進化的能力更快、學習的能力更強。
- 這時代的大企業都可能被挑戰,小蝦米也可能擊敗大鯨魚!
- 小企業也可能有逆襲的機會。
- 隨時學習、不斷進化才有反內捲的機會。

How to Anti-involution

9

找出「利基」，找出反內捲決勝點

★ ★ ★

內
捲
漩
渦

量
子
糾
纏

N
F
T
&
N
F
R

1954年心理學家費斯汀格（Festinger）提出社會比較理論，指出人類都希望能夠準確認識自己，這種內在的驅動力，推動我們評價自己的觀點和能力。當人們對觀點和能力的評判缺乏絕對標準時，尋找一個相對標準進行社會比較，便成為一種「與生俱來」的本能。

「比較式思維」是人的基本思維模式，它具有普遍性，在不同年代、不同年齡的人群中都存在，並沒有研究證明代際之間存在差異。每一代都會比較、都會捲，只不過比的內容和形式不一樣。因此，我們要回歸哲學的思考──我是誰，我要到哪裡去。只有清楚自身的能力和需求，才能在正確的位置上進行合適的比較，成為更好的自己。

內捲社會下你要做哪一種人呢？一般可將人劃分成五種不同的類型，分別是：一型、｜型、T型、X型以及 π 型，根據他們的能力、專長來判斷分類。以下將對五種不同類型的人進行介紹，讓你

更了解自己屬於哪一種人，而又該如何調整、完善自己，找出或培養出屬於自己的「利基」。

 一型人

「一型人」，橫的一畫顧名思義就是只有一條線，這類的人僅具備平直化的知識。譬如，在高中時我們都有學過國文、英文、數學、地理、歷史、公民、物理、化學、生物等科目，所有科目都學得還差強人意的人，就是「一型人」。這類型的人沒有其他特別厲害的專長，他可能對所有知識都略有了解，看似學問廣博，但如果你細問一些問題，他們卻答不出來，因為他們所具備的學識是淺薄的，雖然都大概了解，卻沒有特別專精的領域，也沒有獨特的專長。這類型的人可能善於吸收別人的精華，但沒有獨到的見解和思想，對知識的掌握還侷限在理解階段。因此，如果你屬於這類型的人，就要想想該如何完善自己，找一些特點來加強或學習其他專業，不然一型人在社會競爭中，很容易被取代，甚至被淘汰。

｜型人

第二種人是「｜型人」，也就是直線型的人，這類型的人，他們有一項專業或在某專業領域非常優秀，但其餘的就不求甚解了，

甚至可以說其他學識都很爛。從1991年到2011年間我都在補教界教書，當時的合作夥伴就是創辦「飛哥英文」的張耀飛老師，我和他合作了二十年，一起共事多年，我非常了解他。

飛哥就歸類於現在介紹的「｜型人」，英文是他的超強項專業領域，但其他像數學、歷史、地理、物理、化學……等科目，他全都不在行。而且，雖然他是補習班的老闆，但如果你想跟他討論經營補習班的商業模式（Business Model，BM）等，那也是不現實的，因為他對這些不是那麼了解，通常都必須由我向他解釋，他就是典型的「｜型人」。

我已經自認很會賺錢了，但他的平均收入是我的六倍之多，因為他的英文很強，所以能用這一專業成為補教界超級名師，建立自己的品牌——飛哥英文，為他創造非常高的收入，遠高於我！

★ T型人

如果將一型人和｜型人二種特徵結合起來，就是接著要談的第三種人——「T型人」。T型人是按知識結構區分出來的一種新型人才類型，用字母「T」來表示他們的知識結構特點，「一」表示具有廣博的知識面，「｜」則表示知識的深度；這類型的人不僅在橫向上具備廣泛的知識修養，在縱向的專業知識上，對某特定領域也具有較深的理解能力和獨到見解。簡單來說，T型人從小學、國

內捲漩渦

量子糾纏

NFT & NFR

中、高中,到大學,每科成績的水平都很不賴,但也可以找出一個很強的科目來發展。

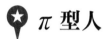

π 型人

T型人若再進化就會成為「π型人」,也就是你擁有廣博的知識,又有二門特別強的專業,我就是以成為π型人作為人生的主要目標。世界上當然也有更厲害、更棒的人,擁有二到三個專長,他的人生充滿著希望,但為什麼會充滿希望呢?在這裡,我要糾正你一個觀念,很多人都認為要不斷「補強」自己的人生,其實這是錯的。大家通常都誤會了人生這件事,總認為將自己不懂、較弱的部分進行補強、改善,人生就能產生改變,有新的方向;但我要告訴你,錯了!若你一直這麼做,你的人生是不會改變的。

那到底該如何改變自己的人生呢?答案是,你必須把原本就很強的優勢變得更強,就像I型人或T型人一樣,不斷加強你的優點或專業。如果你認為賺很多錢就是成功,那對你來說,飛哥他就是一位成功的人,值得你效法;他的英文超級強,即使已身為一名英文大師,他仍堅持每天晚上讀英文,其他學科或專業對他而言都不重要,他老婆甚至說他是個生活白癡,但他一點也不在意,還是只專精於英文及教學方法的研究。

所以請記住,若想改變人生、脫離內捲漩渦,並非不斷地補強

自己的弱勢，然後不停和其他人競爭，而是要把自己原本最好、最強的部分變得更強、更優秀；這樣你才能在那個領域裡，贏過大多數的人，成為佼佼者，形成你自己的「利基」（Niche），跳脫內捲洪流。

★ X型人

再來是最後一種人——「X型人」，這類型的人一般較少人提及，但其實他們也是一個很必要的存在，X型人沒有廣博的知識，卻有兩個很強的專業知識，也就是有二個直豎的專精，但缺乏橫向的部分。以筆者的師父王天晴為例，他就是X型人的代表，目前共出版逾二百多種書，還曾經有間出版社邀請他寫一本有關於教人如何出書、寫作的書籍。

這本書順利出版後，某次書商到學校去推銷，有位老師看到作者的名字，就說：「這不是我的數學老師王天晴嗎？他怎麼會出教人如何寫作的書呢？」你猜猜書商是如何跟那位老師解釋的？他們跟他說，王天晴老師屬於X型人，具有兩大專長，不僅在數學專精，閱讀寫作方面也是一等一。所以，每個人都應該把自己的興趣、熱情加強再加強，讓專長成為你的利基（Niche），如此一來，你才能贏過任何人。

內捲漩渦

量子糾纏

NFT & NFR

	定　義	優　點	缺　點	建　議
一型人	無特定的專長，對基本知識都有一定了解，但僅限於淺薄面，無法提出較深入的見解。	對基本知識具備一定的了解，所以能做出基本判斷，可再另外尋求事業上的協助。	學識面較為淺薄，無法有效發揮，需要依靠他人的協助。	從原有的知識層面中，找尋出較有興趣的部分與熱情之所在，深入學習及加強，向T型人邁進。
I型人	指在某個專一領域中具有專精技術的人才。	通常是此領域中的佼佼者，不容易被取代。	當大環境與趨勢發生驟變時，其專業能力可能遭到淘汰。	除不斷加強原有專業外，也可試著朝其他相關領域或工作，找出其他興趣發展，向X型人生拓展。
T型人	在橫向上具備廣泛的知識修養，在縱向的專業知識上，也具有較深的理解能力和獨到見解。	可結合橫向知識層面，有效發揮原有技能。	當大環境與趨勢發生驟變時，可能較難找到第二舞台發揮專長。	除專一特長外，可再向外擴展相關技能，朝π型人發展。
π型人	指至少擁有兩種專業技能，又懂得領導、管理知識的人；其博學多聞，是能融會貫通的高級複合型人才。	精通雙專業，且其他知識也很廣博，能充分運用。	因具備較高的學識及專業能力，所以較不易於與別人合作，無法與他人的專業互相整合、發展。	可試著整合自身兩種專業能力或發展第三專長，並多跟他人相處擴展彼此的專業能力，創造雙贏。
X型人	掌握兩門專業知識，這些知識之間又具有明顯交叉點，能將其結合的人才。	精通雙專業，且中間有交點，可將兩種專業進行整合。	僅精通個人專業部分，對於其他知識較淺薄，所以競爭力可能稍嫌不足。	適合做兩種專業交叉結合的工作，可發揮綜效。

　　一般人都會以T型人為目標發展，有廣博的知識層面，又具備某領域專業的技能。但現今社會競爭激烈，倘若你只以此為目標，

在競爭中雖不至於被淘汰，但仍有可能在起跑線上輸人一截。

鴻海董事長郭台銘曾說：「一步落後，步步落後；一招領先，招招領先。」世界拓展教育至今，台灣政府所賦予大學的職能，主要是培育學術與高級專業人才，不僅提供高階的知識傳授，也根據其專業科目進行深入的專業化教育。但通常都會根據世界趨勢的發展，並對各行各業的人力需求進行評估，學校再依照各市場需求，為學生規劃相關的專業化課程；而學生畢業後，能直接按其專業方向「對口就業」，體現高等教育的基本運作。

但科技發展快速，當今市場上綜效型的需求日益增強，任何產業無一不是多學科交叉、整合才得以穩固並發展起來。因此，光靠學校主觀性的評估已不足夠，所謂計畫往往趕不上變化正是如此。假設一名學生剛進入大學就讀時，其選擇的科系在市場上可能一片看好，市場需求很高，但距離這名學生畢業還有四年的時間，誰能保證他畢業後，市場結構仍跟入學時一樣呢？沒有人能準確預測出未來發展的動向，因此，如何培養出高優質的「複合型」人才，滿足市場趨勢發展的需要，是每個人都該思考的課題，以促成高等教育更深層次的變革。現今已有許多國家的教育，紛紛摒棄專業化教育模式，將高等教育轉移到提高國民整體素質上，思索著如何實施複合型教育，以泛出綜效，而不是一群人盲目地競爭，不斷地「互捲」。

二十一世紀是資訊爆炸、知識經濟的時代，隨著經濟全球化、

技術一體化及國際化的浪潮不斷加劇，未來最受市場歡迎的人才應當要是一專多能、多專多能，不僅專業和知識要能夠複合，對綜合能力的要求也較高。因此，Ｔ型人已不能滿足現今的市場需求，唯有複合 π 型人才能受到歡迎；所以，你更應將自己進化成 π 型人，而非僅僅滿足於成為Ｔ型人。那又該如何讓自己成為 π 型人呢？《π 型人——職場必勝成功術》書中，有大致提出成為 π 型人的五個具體建議如下：

1 充實基本知識

懂得各領域的基礎知識，才有足夠的能力學習更高階的知識。唯有先用基礎知識建立起穩固的地基，你才能搭蓋出高聳入雲的專業知識大樓，進一步向外拓展，形塑出綜效。

2 精通第一專長

切勿一次學習過多的專長，若在技能尚未充實的情況下，就一味地接收新資訊，不僅得不到效果，還可能造成反效果。所以，應該先加強原本就很強的部分，不斷精進，如同前面提到的飛哥，他雖然英文能力已經超越很多人，但他仍不斷進修，加強自己的英文實力，大量閱讀各類字辭典以增加英文單字量，追求強還要更強。因此，你要徹底熟悉自己專精的知識與技能，並深入理解該專長的重要概念與內容。

❸ 學習第二專長

你可以透過一些進修課程或公司提供的研習課程，例如：社區大學、學分班、智慧型立体學習培訓系統……等，來學習並訓練你的第二專長，為自己帶來更高的附加價值，讓你在市場中不被淘汰或輸人一截。

❹ 貫通兩大專長

當你已有兩個專業技能後，除了不斷精進外，你還要想想兩者間有什麼可整合之處？就如同 X 型人，他們也具備著兩項很強的專業，雖然不像 T 型人具有廣博的基礎知識，但他們卻能將這兩項專業結合，找出更大的市場；更何況你擁有比他更廣博的知識，你絕對有能力找出兩者的共性，充分地融會貫通，甚至找到兩者的共通點與互補處發展成為你的第三專長。

❺ 尋找發揮舞台

當你具備專業技能後，要有足夠的舞台讓你發揮，所以不管你是自行創業的獨立個體還是在企業裡上班，都要積極尋求機會，向外擴展尋求更大的舞台，爭取更有挑戰性的事務，讓自己的長才能夠發揮，成為亮眼的一顆星，跳脫於洪流之中，發光發熱。

日本著名管理學家大前研一就是「π 型人」的代表人物，他在麻省理工學院時獲得核能工程博士學位，後來進入麥肯錫管理諮詢

內捲漩渦

量子糾纏

N
F
T
&
N
F
R

公司，成為日本分公司總經理、亞太地區董事及總公司董事。而他在 π 型中的第一專長是工程學，第二專長則是經營管理；雙專長的優勢使他在企業管理顧問的工作上無往不利，且洞悉事理的過人能力，也造就他日後成為管理大師及財經類書系的暢銷作者。

　　不用害怕被競爭的浪潮吞沒，而逼迫自己沒有目標的努力，其實只要具備多樣化的能力，便能在市場中找到屬於自己的立足點，也就是你的利基，因此，你不能僅滿足於 T 型人，更要以成為 π 型人為目標。

How to Anti-involution
10
運用「利基」，創造自我價值

★ ★ ★

　　要想反內捲，主要關鍵在於你是否具備利基？利基是英文名詞「Niche」人才類型架構圖的音譯，Niche起源於法語。先前筆者在〈借力與整合的秘密〉的課程中，有邀請一位重量級貴賓——劉毅老師，他是補教業的超級名師。我請他上台向學員們解釋什麼是「Niche」，但他當下只解釋了英譯，並沒有解釋出法語原意，這是可預期的結果，因為這個字詞正是源自法語。

　　法國是信奉天主教的國家，英國則是基督教為主，而美國最早屬於英國的殖民地，所以英、美兩國都是基督教國家。基督教是經由宗教改革演變出的新教；天主教是舊教，法國、西班牙、葡萄牙以及義大利這些國家主要都是信奉舊教。

　　舊教地區的住家門外會有一個地方用來放置聖母瑪麗亞的雕像，而這個擺放的位置就叫「Niche」，之後這個說法衍生為佛像的位置；印度因為受到歐洲強國先後的殖民統治，所以當地人也將每個人的位置稱為「Niche」。

內
捲
漩
渦

量
子
糾
纏

N
F
T
&
N
F
R

在提升個人競爭力的時候，有一些策略方向是你可以參考的。

❶ 找準人生定位

人生定位的六大策略就是：價值觀導向；興趣與天賦相結合；市場細分；差異化（個性化）；不是第一，就是第二；結果思維。

❷ 提升內在

提升內在的方法就是學會自我控制、提升創造與創新能力，並且不斷學習。

❸ 擴大外存

擴大外存的方法則是確認人脈資源，有效管理名單，隨身攜帶名片，並掌握人際交往的五大原則：要與人不斷交往；建立守信用的形象；提升自己可利用的價值；樂於與別人分享；學習關懷別人，把握每一次幫助別人的機會。

試想自己有哪些利基，例如：智慧的資源（獨到的想法或做法）、人力資源（天賦異稟或經驗豐富）、財務資源、人脈資源……等，如果這些你都沒有，那就要積極培養，循著你的興趣、愛好去尋找，充滿熱情地去建構。人類大腦的運作通常具有一種慣性：即對第一名的印象都非常深刻。任何冠有「第一」的事物，總能被我們輕易地記住，而其餘無法列入排名的事物，則很難留下深刻的印

象。比如世界第一高峰、世界第一長的河流、第一位登陸月球的人……等，大多數人都能脫口而出。

但若要問起世界第二高峰、世界第二長的河流、進入太空的第二人，你可能就答不出來，這就是第一與默默無聞的區別。因此，想做就要做到最好，要讓自己脫穎而出、吸引他人的目光。那些將幸運或不幸歸結為機遇不同的想法是不正確的，每個人的一生中，機遇的機率是大致相等的，致勝的關鍵在於你能否抓住機會，並勇敢地表現自己。在這個社會中，往往只有第一名才有發言權，所以，與其站在背後羨慕他人頭頂光環，不如自己去創造機會，這樣人生才會更加完美，不留任何遺憾。

戰略大師傑克・特勞特（Jack Trout）曾說過：「你一定要想辦法在你的領域中成為第一。」現今社會競爭如此激烈，屈居第二與默默無聞毫無差別，無論是對公司還是個人來說，只有「第一」才能被牢牢記住、才能比別人獲得更多的機會與資本，也只有第一才能給自己創造更美好的未來、更廣闊的前程。或許有人會說「第一」永遠只有一個，那其他人是否就沒有立足之地呢？並非如此，其實我們只是用「第一」當作目標，來激勵自己成為人群中的佼佼者，就如同不是所有士兵都能成為將軍，但不想做將軍的士兵就絕不是好士兵一樣，若你沒有遠大的目標、高遠的志向，那你就永遠無法攀上頂峰，永遠只能做他人的配角，對別人的成就望洋興嘆。

你不需要謙虛，只有勇敢地表現自己、讓自己在芸芸眾生中

脫穎而出，才能爭取機會，實現自己的人生價值，成為佼佼者；所以，努力加強自己的利基，強化核心競爭力，讓自己在眾人之中脫穎而出。要成為第一名其實很簡單，只要把你的專業領域切割得很小，切割得更細，將你的專業、獨特性突顯出來，這樣一來，當你宣稱你是ＸＸ領域第一名的時候，比較不容易得到反彈或是質疑的聲浪，因為你是在分眾領域稱霸，而大多數人根本不會注意到你分眾的類別到底是什麼。

利用細分去模糊焦點，讓自己確實在市場中稱雄。如果要賣太陽餅，可以宣稱自己的產品是台中太平區最熱銷的太陽餅，餅皮酥脆、內餡美味，是當地最好吃的太陽餅，那消費者極有可能被你吸引，因為他們可能沒聽過這個名號，認為你真的是當地最有名、最好吃的太陽餅。但如果宣稱自己是台中最有名的太陽餅，第一個不高興的肯定是太陽堂或其他餅家。台中各家餅店都搶做第一，市場已經夠捲了，你一個不知名的小店有什麼資格稱王？但反過來想，如果你用台中太平區來定位，那絕對是輕輕鬆鬆地稱王，你甚至可以細分到鄉鎮，自稱是「台中太平區光華里最好吃的太陽餅」，那這樣效果會更好，絕對能成為第一名。你也可以就功能性或特色來突顯你更優於其他品牌，如「不同於全聚德的『悶爐式』烤鴨」、「口味最多元的太陽餅」、「大按鍵手機中的第一品牌」……等，都是可以好好發揮的分眾市場。

舉例來說，米勒啤酒公司（Miller Brewing）在美國啤酒業排

名第八，市場佔有率僅8％，與百威、藍帶等知名品牌相距甚遠，米勒公司為了改變現狀，決定改變市場戰略。

他們先進行市場調查，透過調查發現，若按使用率對啤酒市場進行細分，啤酒飲用者可細分為輕度飲用者和重度飲用者，而前者人數雖多，但飲用量卻只有後者的1/8。

他們還發現，重度飲用者有以下特徵：多是勞工階層，每天看電視三個小時以上，喜愛體育節目。因此，米勒公司決定將目標市場定位在這群重度飲用者身上，並果斷決定對米勒的「海雷夫」啤酒進行重新定位。他們跟電視台簽訂一個「米勒天地」的節目，廣告主題變成「你有多少時間，我們就有多少啤酒」，以吸引那些「啤酒重度飲用者」。結果「海雷夫」的戰略取得了很大的成功，在眾多啤酒品牌中，找到自己的市場定位，成為勞工朋友們心目中的首要之選，市佔率也因此翻了兩倍。因此，若想要成為佼佼者、跳脫內捲競爭，除了加強自己的優勢外，你更要懂得將市場細分出來，讓自己的定位明確，更強化自己的不可取代性，以避免在兵家之爭中殺個你死我活，最後卻可能內捲到極致，搞得兩敗俱傷，仍無法成功取得第一名。或是你能將自己的競爭力跨界，那你就能分食更多市場，成為第一。

內捲漩渦

量子糾纏

NFT & NFR

How to Anti-involution

11

反脆弱才能與時俱進求生存

★ ★ ★

「為什麼現在餐飲業閉店潮這麼高？」筆者經常聽到有人問這個問題，也看過很多餐飲人給出的答案，大多歸咎於疫情、內捲、同質化……等等，其實這些答案如果再往上歸納，那便是——餐飲業的商業環境改變了。

納西姆・塔雷伯（Nassim Taleb）在其暢銷書《反脆弱》中所言：「風會熄滅蠟燭，卻能使火越燒越旺。對隨機性，不確定性和渾沌也是一樣：你要利用它們，而不是躲避它們。你要成為火，渴望得到風的吹拂。」

📍 把穩定建立在不穩定之上

近年內捲化現象越發嚴重，也使得反脆弱一詞在職場上時常被提及，而要討論反脆弱，就要從《隨機騙局》一書談起，其核心論點是世界上所有的事情，小至巴士幾點到站，大至日本下一場大

地震的震度，乃至於下一個世界金融危機的起源，都是「隨機／亂數」（Random），儘管人們常常誤以為它們是可預測的。

這類關於隨機亂數理論的書籍其實相當多，美國前總統柯林頓在任期間的財政部長羅伯特·魯賓於2003年出版的半自傳作品《不確定的世界》便是其一。華爾街出身的魯賓在書中，述說自己如何從小開始就對事情的不確定性感到好奇，並對周遭的人誤解自己關於隨機事件的掌握度感到不以為然，然後描述他在華爾街的職業生涯，到在白宮和葛林斯潘及桑默斯一起處理長期資本管理公司可能帶來的金融危機……等。

有趣的是，同樣是在隨機亂數的金融世界中建立自己的職業生涯和累積財富，也進行關於隨機亂數的寫作，《隨機騙局》作者納西姆·尼可拉斯·塔雷伯（Nassim Nicholas Taleb）對魯賓的評價卻非常負面，主要的差別在於兩人對於應付隨機亂數世界的理念不同：魯賓認為可以透過某種機制去「化解」隨機亂數，讓人們的生活更少災難，更平穩幸福。

但塔雷伯認為不應試圖去控制這世界上的隨機亂數，因為這只會帶來更大的災難，相反地，應該讓人們承受這些隨機亂數所帶來的危險，就像肌肉在每一次的重量訓練中會撕裂受傷，但再生長出來的肌肉會更強壯一樣，日常生活中不斷經歷施壓和磨練的人們也會蛻變得更加堅強。

2001年《隨機騙局》讓塔雷伯聲名鵲起，2007年又出版的

內捲漩渦

量子糾纏

N
F
T
&
N
F
R

《黑天鵝》則讓他舉世聞名，因為隨之而來的2008年全球金融危機好似在呼應他的觀點般，「黑天鵝」也成為熱門關鍵字搜尋，但如果以塔雷伯自己的標準來看，金融危機「恰巧」在他出版《黑天鵝》一書後爆發，正好證明了世事的隨機亂數性質，但塔雷伯其實根本沒想過要「預測」金融危機，因為金融危機就像黑天鵝的存在般，是不可被預測的。

據說發現黑天鵝前，歐洲人一直認為天鵝是白色的，隨著第一隻黑天鵝出現，歐洲人所認知的白天鵝理論被徹底推翻。所謂黑天鵝事件，指的是重大稀有事件，它雖然不可預測，卻一定會發生，好似莫菲定律。

人們總是過度相信經驗，但只要黑天鵝事件出現一次，就足以顛覆一切。比如當初稱霸一方的Nokia，一直堅信手機就要像電腦一樣帶有鍵盤，永遠想不到有一天竟被智慧型手機擊敗；又比如Uber的異軍突起，也顛覆了傳統計程車業。

塔雷伯把自己對於人類對抗隨機亂數的環境，從而被無情淘汰或者變得更加強壯的過程，歸納在2012年出版的《反脆弱》中。書開頭就解釋為什麼會創造「反脆弱」這個字，因為他一直在思考：面對隨機亂數的世界給予的外力干擾時，有些人受不了而崩潰，有些人挺過來而繼續生活，有些人卻因此進化，變得更強壯，創造出更多價值來。面對壓力而崩潰的人顯然是「脆弱」的，但如果你問別人脆弱的反義詞是什麼，得到的答案通常是各種不同情勢

的「堅強」，可是這只能用來解釋那些挺過困難而繼續正常生活的人，與其說是「脆弱」的反義詞，「堅強」更像是「缺乏脆弱」，並無法解釋承受壓力並因而進化的人，所以他突然想通了，覺得必須創造一個新名詞——「反脆弱」。

這也是他想探討的重點，如果僅是能夠承受隨機亂數的世界所施加的壓力，那只不過是「堅強」，如果能夠因為這些壓力和危機，而提升自己的能力和反向擴展事業或者增強活動力，是個內心強大的人，才是真正與脆弱相反的「反脆弱」。「反脆弱」聽來模糊、抽象，筆者提出三種生活中都會遇到的職業來助各位理解。

1 一般職員

他們是「脆弱」的，在企業工作似乎可以享有固定薪水，他們因此產生錯覺，以為穩定的收入是必然的，當公司開始計畫裁員時，他們才意外認知到自己的收入可能在某一天突然歸零，而承受不了這樣的衝擊，跟同事之間的競爭也顯得不再重要。

2 專業人士

例如牙醫和律師，雖然收入不固定，但他們的專業能讓他們享有較高的收入，所以他們是「堅強」的，能夠承受一定程度的黑天鵝事件，這些事件並不會改變他們的職業生涯，因而也不太需要跟人競爭，不大容易內捲。

內捲漩渦

量子糾纏

N F T & N F R

❸ 靠自己的技能維生

例如計程車司機、工人。他們的收入非常不穩定，大筆收入時而會有，但運氣不好的日子也可能掛零，但他們正是「反脆弱」的一群。因為他們每天面對的生活是未知的，長期下來他們演化出對抗隨機亂數的生存技能，不管是不斷精進自己的開車技術、手藝，甚至路線，或者轉戰別的山頭。他們在不穩定的環境下會變得非常敏感，因此在黑天鵝事件來襲時，往往比一般職員更能應變，得以存活下來，自然能夠反內捲。

所以，你也可以說判斷是否成功的關鍵在於反脆弱性，不管是創業還是捧別人的飯碗，這兩件事本身就是充滿不確定性的，產品開發時間不確定、市場接受度不確定、員工招募不確定，或者募資上的不確定。因此，要想真正跳脫內捲漩渦，你必須是反脆弱的，不僅不會逃避，反而會主動擁抱隨機亂數所帶來的危險、異動，因為正是有這些不確定性的存在，才有機會顛覆市場。

試想，假如把一只玻璃杯摔在地上，玻璃杯摔碎了，代表玻璃杯是脆弱的，那和玻璃杯相反的是什麼？脆弱的反面是什麼？是堅硬嗎？如果現在把一顆鐵球扔在地上，鐵球沒有摔碎是因為堅硬嗎？那鐵球是否受益呢？答案是沒有，因為鐵球並沒有產生任何變化。

史萊姆（slime，變形蟲、鼻涕膠、拉伸泥）被摔到地上後會變形，它在不確定中被改變了形狀，雖然看起來受到了損害，但它

同時也在不確定中變成了符合環境的樣貌,這種具有彈性與多變性的特質,就是所謂的反脆弱,只有能在不確定中靈活應對並獲得利益,才能被稱為反脆弱。

所以,一個人到底能不能賺錢,不在於你的知識多寡、學歷高低,而是在於你是否具有反脆弱的能力,你書讀越多,越可能妨礙賺錢。曾經有個蘇聯哈佛體系,認為一切東西皆可算,東西算得特別精確,只要按照KPI的指標推動下去,這個體系所推動的計畫就一定成功,但往往人算不如天算,這個體系最終卻失敗了!這就好比職場的內捲化現象,不斷追求KPI績效表現,殊不知企業整體是越發退步的。

《反脆弱》有一個重要的原理:系統的穩定性建立在子系統的不穩定性上。所謂:「舜發於畎畝之中,傅說舉於版築之間,膠鬲舉於魚鹽之中,管夷吾舉於士,孫叔敖舉於海,百里奚舉於市。故天將降大任於是人也,必先苦其心志,勞其筋骨,餓其體膚,空乏其身,行拂亂其所為,所以動心忍性,曾益其所不能。人恒過,然後能改;困於心,衡於慮,而後作;徵於色,發於聲,而後喻。入則無法家拂士,出則無敵國外患者,國恆亡。」如果想讓自己、讓公司更好,最好的做法不是讓公司維持在單一的穩定狀態下,要保持一定的改變與動盪,才能靠著這些「內憂外患」去維持整個系統的穩定,迫使體制內的成員為了生存而發揮潛力,改變為了基本謀生和個人利益而努力的心理狀態。人最痛苦的事莫過於把工作當做

量子糾纏

內捲漩渦

NFT & NFR

謀生的工具，你連那一份享受都沒有，所以會變得十分脆弱，因為薪水沒有漲，沒有發獎金，就看不到工作的意義。但當你看到這份工作可以謀生，又看到可以為社會帶來意義的時候，你就增強了自身的反脆弱性，同時也就增加了反內捲性。

一般人若想反內捲，大多會選擇創業，但創業後你所面臨的考驗、競爭更大，從創業的過程可以看出：從想法萌生，到最終創意成型，有很多大坑無法避免。所以，創業也是不確定性極高的，需要避開創業長途跋涉中的各種荊棘、險阻與錯誤，要靠著創業去反內捲，可能比單純在一個職場中求生更需要反脆弱的能力，不管是資源的準備、臨機應變的能力等，都需要做到比在職場中更多的準備，盡量做到能靈活處理創業過程中的風險，避免失敗後需要背負比在職場中更高的損失，甚至連維持基本的生活都很難。

⭐ 擺脫慣性陷阱，跳出思維困境

有些人通常會因為過於執著，致使思維內化，所以不斷向內捲進去。在講解具體破解之法前，必須先明白內部思維究竟是如何產生的，因為只有了解問題的根源，才有徹底根除的可能。

人們之所以出現思維內化，有很大一部分的原因便是來自於「執著」。道理很簡單，人的注意力是有限的，當過度執著於某件事情，將所有的注意力都集中在這件事情上時，自然會忽略很多外

部因素的影響，這也是為什麼會有內捲現象的原因，因為害怕輸給其他人，一心想著要贏，卻不斷讓自己捲進無效的競爭中。這就好比市場上很多公司在設計產品和行銷方案的時候，都是從主觀出發去揣測消費者的喜好和需求、不斷用自己的想法去「優化」產品，但企業的想法並不能代表廣大消費者的內心所想、所需，就心理層面來說，產品一般會被企業視為自己的「孩子」，因而變得盲目、常常只用自己的想法去看待產品的優點，忽略加強消費者重視的產品優勢，等於做了無用功。

　　人們一般都傾向留在自己的舒適圈內，用自己的思維去做自己習慣的事情。然而太過依賴舒適圈會讓人產生惰性，並帶來一種非理性的安全感，讓人缺乏危機意識。當你知悉接下來將會發生的事情時，你便會感到自在。你的日常習慣、工作流程等都是你熟悉而且能夠掌握的，但無法替自己帶來任何的進步與發展。另外，大腦的運行機制會希望在任何活動上，消耗最少的能量。大腦消耗的能量大約是日常能量攝入的20～25％。在整體消耗能量不變的情況下，做的事所需的時間越少，消耗的精力和能量就越少，因此，你會慣性地選擇做自己熟悉的事物。

　　人類的一大天性就是「習慣」做「習慣了的事」，好比買固定口味的飲料、走同樣的路、做習慣的工作，因為這種「一成不變」會給大腦帶來一種「安全感」的錯覺，但也會讓你陷入「慣性思維」的陷阱之中，身處內捲也會沒有察覺，因為你從踏入職場那刻

內捲漩渦

量子糾纏

N
F
T
&
N
F
R

可能就已經跟著捲了。

慣性思維是指人們在考慮研究問題時，用固定的模式或思路來進行思考和分析，從而解決問題的傾向。固有的東西是很難打破的，這也經過多次歷史證明，每次的改朝換代，無一不是用血的代價換來的，但所謂不破不立，要想突破自己，就勢必得打破固有、慣性的思維。

怎樣才可以突破慣性思維，不再原地打轉呢？人腦運作其實跟電腦程式運算類似，同一個程式總會跑出同一個結果，所以你要做的就是不斷更新大腦的運作程式，讓大腦不斷輸出新的思維，如此一來才能找到內捲與躺平間的第三種選擇，做到真正的反內捲。

要擺脫慣性思維，有幾種解決辦法可以進行討論。首先，可以藉著改變的契機翻新思維，要擺脫慣性思維最簡單巧妙的辦法便是從生活習慣著手。舉例來說，台灣疫情嚴峻、發布三級警戒期間限制內用，即使現在已經開放正常在外用餐，但仍會直接點外賣，這時就可以試著嘗試不同的店家。揹側邊包的時候，試著揹在另一邊的肩膀上，下班從另一條路回家、勇於嘗試新的科技產品、體驗新事物等也是突破慣性思維的好方法。一定不要小看這些打破常規的小事，因為它們和事業中打破慣性思維模式相同，在大腦神經裡的運作方式是一樣的，若你能在生活中打破慣性、激活大腦，那你在為人處世和事業上自然就更容易打破慣性，跳出瓶頸。

另外，讓大腦保持開放性的思維可以推翻自我，舉例來說，

上世紀的相機界龍頭柯達敗給數位相機，但第一個研發出數位相機的公司其實就是柯達。但由於柯達高層過於保守，依賴過去的成功路徑捨不得既有的市場，而不敢轉型，因此被自己研發的數位相機所打敗，Nokia 也是因為過於保守而被智慧型手機取代。人往往成功一次後就會過分依賴之前的成功路徑，一旦外界有變化就會下意識麻痺自己，不願意承認自己那個曾經「對」的道路現在已經「不對」了。

成功路徑現在的正確性不重要，將來是否還能維持正確性才是重點。久了你會明白，你不轉變，世界照樣在轉動，世界局勢與科技的變化越來越快，一定要時時保持開放性的思維，把外界的一切變化都當成是自己翻新、調整、轉型的機會，而不是本能地抗拒，這樣才能走在不斷革新的世界趨勢前端。

最後，如果你想反內捲，你就要訓練自己跳脫框架，鞭策自己「跨界創新」和「跳脫框架」解決問題。例如每到購物節，各個電商平台就會瘋狂大打價格戰，看到競爭對手降價，你是不是下意識會覺得自己也要降價，但最終沒人賺到錢，這就是所謂的同質化競爭、專打價格戰的紅海廝殺。但如果你能跳脫慣性思維，在消費者愛撿便宜的心態換個角度想，從每個人都愛收到禮物的心理切入，贈送每位消費的顧客一份貼心小贈品，讓消費者為這份驚喜買單，你就能從同質化競爭的商家中脫穎而出。另外，你也要讓自己具備跨界創新的思維，一般都只會關注自己的專業或領域之中的事物，

內捲漩渦

量子糾纏

NFT & NFR

社交圈也因而較為固定，但這種固定的模式會讓人停止思考，陷入窄化的資訊地獄，所以一定要讓自己跳脫出來才行。

我經常參加跨領域的社交活動，讓自己多多接觸其他產業的新知與新趨勢。過程中所獲得的新視角可能會令自己迸發出新的靈感，如此一來就能加以運用到自己的本業上面。如果想提高自身的創新能力，也必須從打破慣性思維開始，要打破慣性思維可以試著從以下幾點著手：

- 養成主動發想的習慣。
- 培養從多角度觀察和評價事物的習慣。
- 克服從眾心理。
- 將乍現的一念一想堅持下去。
- 將想法付諸於行動。

我每年都會舉辦一到二次的論劍活動，帶領弟子們前往戶外踏青。除了釋放在都市生活繃緊的神經之外，每位弟子也能藉出遊時間彼此交流學習，每個人都有或多或少的成長與感悟。人生就好比在解數學題，絕不可能只有一種解法，你可以從各種不同的角度來看這道題目，想出無限多種解法，唯有跳出「慣性思維」，才能挖掘到習慣外的無窮潛力，跳脫出內捲漩渦，甚至賺到以往不曾賺過的財富，讓人生有更多可能性，有句話是這麼說的：「一個人永遠賺不到他認知能力以外的錢。」

記住以下的方法，這是擺脫被桎梏的人生最簡單也最有效的做

法：

1 **舊有方法會阻礙前進**

當養成一套自己的習慣時，思想會變得狹隘，失去創新性，使人無法達成目標。所以要經常換角度、多種可能地去思考問題、多視角地分析問題。

2 **嘗試更有效的工具和方法**

一般人都會有套慣用的工具和模式，或許你習慣過往的模式，但職場上總會出現新方法和工具，千萬不要反抗，嘗試接受那些可能提高工作效率的方法。

3 **工作內容型態變化或換工作**

當你身處的環境出現變化，你不可能再以同一個方式去做事，因此你必須改變想法，以一個新方式去處理已改變的情況。改變習慣、建立新的習慣雖然不容易，但新的思維、習慣、工作方法能使你朝目標更進一步，讓你跳脫內捲競爭，並有所成長。

內
捲
漩
渦

量
子
糾
纏

N
F
T
&
N
F
R

Plus
12
鯰魚效應VS內捲現象

★ ★ ★

中國火紅連續劇《繁花》是王家衛導演的首部電視劇作品，開播後掀起一陣熱潮，以及高收視率。在第12集中，至真園老闆娘李李（辛芷蕾飾）送給寶總一個盒子，裡面裝著一條鯰魚，並講了「鯰魚效應」的故事，劇情隨之開始了一場收購兼併大戰。

什麼是鯰魚效應呢？據傳挪威人愛吃沙丁魚，尤其是活魚。市場上活魚的價格要比死魚高許多倍，所以漁民總是千方百計想辦法帶活沙丁魚回港。然而沙丁魚非常嬌貴，極不適應離開大海後的環境。而返航路途漫長，沙丁魚又生性懶惰，不愛活動，因此往往在船一到碼頭時沙丁魚就已經死了大半。但是其中有一位船長所捕獲的沙丁魚卻大部分都是活的。原來這位船長會在魚槽中，多放入一條鯰魚。沙丁魚因為鯰魚這一異己分子的到來會異常緊張，而不

停地遊動，以求保命，這樣一來就解決了魚會缺氧而亡的問題，所以沙丁魚大多數都能活蹦亂跳地回到了漁港。這就是知名的「鯰魚效應」。

「鯰魚效應」被引申應用在以個體激勵群體，使群體因為危機感和好勝心而產生努力向上、超越威脅者的一種積極心理。在企業管理中，鯰魚效應就是指採取某種手段或措施，來刺激團隊活躍，積極投入市場競爭；或是刺激一些企業活躍起來，積極參與競爭，從而啟動市場中的同行業企業。例如通過優秀的新人同事，來激勵原本日漸沉悶的團隊，打破原有的因循守舊、固步自封的慣性思維，激發其他員工的好勝心，從而提升團隊整體的戰鬥力，重新煥發團隊的整體活力，碰撞出創新的火花。

「鯰魚效應」是一種具有激勵作用的神奇效應，它能讓一潭死水「復活」，能讓失去鬥志的人充滿希望，這其中的關鍵因素就是競爭。人天生是懶惰的，凡是那些比較勤勞的人，你會發現他們都面臨著比較大的競爭，競爭越大，就越有幹勁。而那些處在安逸環境之中的人，只會越來越有懶惰、不知進取。

利用好「鯰魚效應」，進行適當的刺激，可以推動我們更進一步，邁入更高的圈子或階段，才不會被環境所淘汰。適量的刺激是努力，但過量的刺激帶來的是內捲漩渦！

⭐ 慎防「鯰魚效應」帶來內捲

什麼是「內捲」？讓它成為網路熱詞的是來自一張清華大學學子邊騎著自行車邊敲打電腦的照片。內捲一詞被用來指非理性的內部競爭或「被自願」競爭。另一個更貼切的比喻是：看電影時為了獲得更好的視野，前排有一個人先站起來了，後排被他擋住的人也不得不站起來，最後大家都不得不站著看電影。

內捲這個詞最初由美國人類學家戈登威澤提出，是指長期停留在一種簡單層面的自我消耗和自我重複現象，以及沒有發展的成長。比如當看到身邊的同事每天都留下來加班時，自己也開始加班，但起早貪黑地加班可能並不會讓你的工作水準或能力提升，反而會讓你疲憊、工作效率下降，甚至因為不停歇的工作反而沒有時間思考，而造成工作能力下滑。

有個詞叫作「史丹佛鴨子綜合症」，用來形容頂大學生們的狀態：他們如同湖裡的鴨子，水面之上身體挺拔，看似氣定神閑，但水下的鴨掌正在努力划水。生活離不開競爭，成功需要努力。對於任何社會階段、任何群體，競爭都是不可避免，而競爭和壓力會創造出「鯰魚效應」，因此，被內捲和引發內捲的競爭和壓力並非壞事，內捲與競爭的區別在於內捲是不必要、非理性的，不僅痛苦，而且徒勞。無意義的盲目內捲只會使我們陷入焦慮，只要注意自我調適，有價值的理性努力方為成功之關鍵，百事無難，百事可成！

有價值的努力，是目標明確、信念堅定的人們為實現理想而起早貪黑，砥礪前行。有目標、有計畫的努力，能夠為成功做好堅實的量的累積，只待機遇降臨促成質變。NBA傳奇籃球巨星柯比・布萊恩（Kobe Bryant）見過淩晨四點半的洛杉磯，米其林主廚江振誠說：「不足，就更努力；不夠，就拚命學！」，他把握每一次機會，「認識自己，專注做好一件事」，這一切都見證了信念堅定、目標明確的他們做出的有價值的努力。他們的努力是切合自身實際能力與需求之積極正道，是駛向成功的加速器。

⭐ 特斯拉和蘋果，就像「鯰魚」

在一個生態體系裡，引入一個強者，會激發弱者變強。對中國的智慧手機市場和電動車市場，特斯拉和蘋果，就像「鯰魚」般刺激活絡了市場。

iPhone的研發在美國，但生產、組裝是在中國。在蘋果這條「鯰魚」的作用下，中國手機廠商用八年時間在一個相對高端的領域佔據全球半壁江山。

當初如果沒有iPhone打通中國的智慧手機產業鏈，就不會有華

為、小米、OPPO、vivo等為代表的中國手機品牌崛起。2007年蘋果首先推出智慧手機iPhone，當時庫克正是蘋果供應鏈體系背後的主要核心操盤手，不斷向中國派出頂尖的技術人員，為供應商購買定制設備，以開發一些獨家技術。很多人不知道，就連手機螢幕一塊玻璃的製造、加工都是靠iPhone打通的，因為在iPhone之前，palm之類智慧機根本不用玻璃屏幕。於是在蘋果的諸多製造產業落地中國後，就有了一整條非常完善的手機產業鏈，包括螢幕、天線、傳感器、鏡頭等重要零件。由於產業鏈的基礎結實完善了，中國的智慧手機企業就是在這條供應鏈的加持下，反過來一步步佔領外國手機品牌的市場份額。可以說沒有蘋果，肯定沒有這背後相關產業鏈的發展，更不會有中國品牌手機的崛起。

根據TechInsights最新研究報告指出，2024年第1季全球10大手機品牌依序是三星、蘋果、小米、傳音、OPPO、vivo、榮耀、聯想、華為與realme，除了前2名的三星與蘋果之外，其餘8名全是中國品牌。顯示中國品牌手機成長強勁，市場份額仍將繼續被中國品牌蠶食。

電動車尤為如此，若是如果參照手機行業，用蘋果手機產業鏈的崛起來理解特斯拉在中國的落地，就會恍然大悟。2018年7月上海市政府與特斯拉達成協議；特斯拉以免費取得土地並獲取優惠稅率等特權，設立特斯拉上海超級工廠（Tesla Giga Shanghai），2019年1月動土興建，其建造過程相當高效迅速，同年年底完工，

並實現量產。這個雙贏的合作令特斯拉能夠以較低成本獲得新增產能和全球最大市場，而中國零部件企業將分享特斯拉產業鏈「蛋糕」發展壯大，目前特斯拉一半以上汽車都由該廠生產。

對中國新能源汽車產業來說，特斯拉進入中國帶來的是「鯰魚效應」，其在中國的核心供應商近百家，從核心的電池、電機、電控，到充電樁、底盤和內飾，幾乎涵蓋產業鏈每個環節。催生了各大配件廠商品牌的快速崛起，提升了本土產業鏈，讓成本更低，效率更高，造就了全球最完整的電動車生產生態系，也使得中國迅速崛起成為全球電動車技術和市場的老大。這在這樣的背景下，不僅養大了比亞迪這樣的超級巨獸，也使小米成為電動車市場的新晉強者。

中國電動車過去在政策支持以及產業競爭下，吸引許多國際電動車零組件企業以及新創公司前往投資，進而帶動電動車零組件發展優勢。不但是電動車製造大國，亦為全球最大消費國。2023年全球電動車銷售量達1420萬輛，其中約65%產自中國，而中國境內新能源品牌前5名分別是比亞迪、特斯拉、理想、蔚來、小鵬。

中國電動車日益蓬勃發展，如今是80%車企在爭搶10%市場，「內捲」、價格戰已經成為大陸車市的主旋律。2023年初特斯拉率先降價，打響價格戰第一槍之後，中國電動車激起了一場激烈的價格戰，開啟了新一輪市場爭奪戰，車企身不由己地陷入從價格戰到淘汰賽的系統化「內捲」中。為了搶佔市場，新能源汽車市場

價格戰已經「砍到刀刀見骨」，惡性競爭太嚴重，一些品牌抵不住壓力，已在2023年黯然退場。隨著資源豐沛與技術強悍的小米、華為也投入戰局，市場將迎來更慘烈的殺戮戰。小米電動車SU7、華為問界M7的推出，它們以不同的方式挑戰著傳統車企的地位，推動著行業的變革。緊接而來的2025這場內捲不僅體現在價格上，更延伸至技術研發、市場布局、捲服務、捲流量等多個方面。對新能源汽車企業而言，這既是一場搶位戰，也是一場優勝劣汰淘汰賽，最後將集中到幾家頭部企業。可以想見，未來新能源汽車品牌的競爭會有多激烈。

內捲漩渦

量子糾纏

NFT&NFR

紅皇后效應：進步都是相對的

★ ★ ★

內捲的英文是Involution；而它的反義詞是Evolution，是「進化／演化」的意思。由於字根volu有旋轉、捲繞的意思，可以理解為把一個捲好的東西慢慢展開的過程，內捲是指把一個已經打開的東西慢慢地捲起來。從英文Involution，可以了解到的內捲來自進化，從詞源的角度來說，如果把捲起來的過程翻譯成內捲，進化其實就是外捲。為什麼內捲是內生於進化過程的？就是只要有進化、競爭、選擇，最終都會導致內捲。

生活離不開競爭，社會不可能一直等著停下步伐的你。競爭是推動成長的重要因素，如果想要保持長期良好的成長狀態，就必須積極地參與競爭，因為競爭能提升效率，促成更好的演化與發展。

生物學家在討論進化過程的時候，會用這句話：「你只有不停地奔跑，才能留在原處。」來描述進化過程的勝利者。這句話來自名著《鏡中奇緣》紅皇后的名言，也是生存競爭法則「紅皇后效應」的核心精神。

　　什麼是紅皇后效應（Red Queen Effect）？這個概念來自於英國作家路易士・卡羅的《鏡中奇緣》（Through the Looking Glass，也是家喻戶曉的《愛麗絲夢遊仙境》的續作）。故事中紅皇后與愛麗絲相遇後，紅皇后沒來由地跑了起來，還越跑越快，愛麗絲為了追上紅皇后，也只能加快速度；然而，不論跑得多快，周遭的景物都沒有改變，她們還是停留在原地。見愛麗絲氣喘吁吁，紅皇后笑著說：「在這裡，妳得拼命地跑、不停地跑，才能保持在原地。如果妳想去其他地方，速度必須加快兩倍以上才行！」「Now，here，you see， it takes all the running you can do，to keep in the same place. If you want to get somewhere else，you must run at least twice as fast as that!」

　　之後，美國芝加哥大學進化生物學家范瓦倫（L.van.Valen）於1973年借用紅皇后這句頗有禪意的回答，提出了生物學上非常著名的「紅皇后假說」（Red Queen hypothesis）──生物只有不斷地進化，才能保持物種之間的平衡，逃脫被滅亡的結局。恰如其分地描繪了自然界中激烈的生存競爭法則：不進則退，停滯等於滅亡。

　　由於物種之間對生存資源和生存機會的爭奪，一個物種的任何進化改進可能構成對其他物種的進化壓力。因此這將迫使存在著

競爭關係的不同物種展開生存的「軍備競賽」，但結果並不會增加這些物種的競爭優勢，而只是讓它們彼此之間的相對狀態保持不變（不至於變得更壞）。

以瞪羚和獵豹為例，獵豹追著要吃瞪羚，瞪羚不想被吃。最後，跑得慢的都被抓了，基因無法傳給後代，但也導致瞪羚越跑越快。同樣的，瞪羚速度變快後，如果獵豹沒跟上也會被淘汰。獵豹和瞪羚因為對方的演化而演化，叫做「共同進化／演化」。不論如何用盡心機，費盡氣力，狩獵者和被捕食者之間，危機沒有少一些，優勢也沒有多一些，雙方保持著微妙的平衡，就好像雙方都停留在原點一般。

也就是說，同樣的環境，一個物種能否最終勝出，關鍵看牠能否比其他物種更優秀。因為獵豹遭受考驗的同時，瞪羚也在面臨著同樣的考驗，只有跑得最快的瞪羚才能生存。雖然瞪羚的速度也有很大進步，能甩掉獵豹的瞪羚也沒有增加，個中道理跟獵豹一樣。就像是俗話說的「道高一尺，魔高一丈」，在警匪片或偵探片中我們就常看到：當有了指紋辨識出現，小偷們就學會了擦乾淨指紋或戴手套作案；有了臉孔辨識系統自然也會有反臉孔辨識化妝法。

紅皇后效應至少包含以下兩層意思：
- 要努力奔跑，才能保持原地或者不至於落後。
- 要全力奔跑，才能突破現狀，超越他人。

⭐ 你要跑得比現在快兩倍！

紅皇后效應，讓我們明白競爭的勝利者不是看當前的適應力，而是看能否獲得超出其他物種的進化能力。當前的適應並不能保證未來的成功，想要獲得長遠的成功，就要具備超出其他物種的進化速度。也就是說——你當前的境況是不是最好的不重要，比其他人跑得快才重要。否則，你連留在原地都很難做到。

世界上有三種人，一種是不斷奔跑，試圖改變世界。一種是停在原地，醒來發現世界已經變了，最差勁的是，連事情發生了都不知道的人。

在這個世界裡，如果你稍微一鬆懈，你就會被甩在後邊；如果你自己只是一般般努力，你就只能原地踏步；只有你比別人更加努力，奔跑的速度別人更快，你才能向前邁進，才有機會保持領先。

「紅皇后效應」引伸到商業應用則是，企業為建立競爭優勢而採取的一些行動，並不能讓自己在競爭中真正建立起優勢；但如果不做這些行動，而競爭對手做了，你就會落後並失去競爭優勢，因此你不得不做，而結果只是讓你與競爭對手之間的相對狀態維持不變，儘管你在採取這個行動的本意上是為了建立某種優勢。

競爭從來不是靜態的，你在變，對手也在變，只有不斷跑，跑贏紅皇后，不斷進化，才能生存。阿里巴巴的淘寶本可在中國電商稱王，不料被做3C家電起家的京東奮力追趕之下，又創造出「天

貓商城」，旨在依托淘寶網的優勢資源，整合上萬家品牌商、生產商，為商家提供電子商務整體解決方案，為消費者打造網購一站式的服務。雙方在你追我趕之間，中國電商越來越強大。無論是哪個行業或是企業，若是沒有與時俱進、發展和創新的戰略就只能被遠遠甩在後面。

如果你做得和昨天一樣好，其實就是退步；你和大家同樣努力，也只不過是能不被淘汰；想要贏過別人，唯有比別人跑得更快兩倍。成績、技能、體能、能力、人際關係……一切的一切，都如逆水行舟，不進則退，而即便拼盡全力，也許只能退得慢一些而已。

世界就是這麼殘酷，像一個龐大的跑步機。你站著不動，就會掉下去。這世間上的一切都是相對的而不是絕對的。如果有一隻熊在追你和我兩個人，我只要跑得比你快，就算是快了！愛因斯坦的相對論告訴大家，時間跟空間都是相對的。例如誰能考上台大、誰不能考上台大，比的分數就是相對的。

我們每天在這個社會上努力奔跑，只是為了不被拋棄。你是否發現身邊的人嘴裡雖然在抱怨著生活，私下卻默默努力變得更好。有人喜歡偷偷努力，讓人誤以為他的生活很輕鬆，就像那些說自己沒唸書卻數學考了100分的學霸同學，其實每天都在熬夜刷題。本身就很聰明、讀書很厲害了，還比別人更用功，不就更無敵，更讓人難以追上嗎？這就是這個世界上最可怕的地方，也是馬太效應

內捲漩渦

量子糾纏

N F T & N F R

形成之因，你永遠不知道那個很厲害的他在鴨子划水做了什麼。在你停滯的同時，其他人並不會停止前行，而你就已經落後了，不是嗎？當你重複著單調而冗長的生活，不甘落後卻又不願努力，最後會發現只能看見別人的背影。羅曼・羅蘭說，「多數人二三十歲就死了，他們變成自己的影子，不斷重複以前的自己。」就像競技運動一樣。或許去年的時候你登頂奪冠，榮耀加身，今年就可能因為疏於訓練而輝煌不再。你不會一直站在高峰，也不會一直待在谷底。如果你不想從跑步機上掉下去，請努力地奔跑吧！

「紅皇后」提醒了我們要快速進步。商業世界中的動態競爭，讓企業必須不斷加速學習，但前進的同時，市場淘汰機制也跟著加速，如果想要維持競爭中的特定優勢，就不能停留在固有的技術、方法上，必須要持續的進步。他們不停地創新，不停地改進，不停地完善，希望企業具有競爭力。你看看，那些沒有核心技術的企業，就很容易受制於人、被卡脖子。

在企業的競技場上，企業營收持續成長並非表示就不會被淘汰，當你的企業成長的速度與幅度趕不上競爭對手一波又一波大躍進式的成長，也只能眼睜睜地看著後起之秀一個又一個超越自己。不成長，就只有被淘汰的命運；成長的速度不夠快，還是一樣得面臨被淘汰的命運，只是死得比較慢一點而已。企業間的競賽宛如是一場沒有終點的馬拉松賽，唯一可以休息的時候，就是認輸退出賽局的時候，如何比競爭者更快一步？企圖心、精準的策略方向、創

新思維、創新行動，以及續航的執行力，缺一不可啊！

⭐ 正向循環與負向循環

　　我們處於一個充滿了競爭的時代，社會資源是按照能力、貢獻來分配的。只有那些足夠優秀的人才能獲得更加豐富的優質資源。越是優秀的人越努力，越是優秀的人越刻苦。因為大家都在努力，所以你若不努力就是後退，就是落後，但也要小心過度競爭下的盲目努力！

　　紅皇后效應帶來的是合理競爭下的進步／進化；而內捲的成因是在有限資源裡的惡性競爭，但也和內在的心理機制、集體潛意識、從眾心理與同伴壓力是分不開的，是人們無意識的行為。當一群人都被迫走向單一固定的軌道，過度的競爭會讓彼此思維僵化、內耗，產生無效的結果。尤其是通過壓榨自己，來獲得微小的優勢。比如公司一直是八小時工作制的，但是有些人總是自願加班，還得到主管的讚許，於是感到壓力的其他人也開始主動加班了，結果就是，加班成了常態。家長們為了不讓孩子輸在起跑點，使孩子們在密集的課外補習中流失了青春朝氣，成為一台台考試機器。

　　那些看似自願但實際上又是沒有太多選擇的競爭（被自願競爭），指的是低效率、偏離初衷的競爭行為與結果。有網友還做了這樣貼切的比喻：當大家都擁有葵花寶典後，如果你不練，就會被

內捲漩渦

量子糾纏

NFT & NFR

打敗，於是所有人都練了，但這樣一來，每個人都會了，也就沒有特別之處了，也沒有人從中受益。

「內捲」是指非理性內部競爭，導致內部消耗或停滯不前。「紅皇后效應」告訴我們，世界上優秀人才為了勝出，都在奮力的充實自我，所以能力越來越優化，但是不管有多拚命，相對位置似乎變動不大。「內捲」、「紅皇后效應」從結果角度來看，這些人努力的行為並沒有改變自己的相對狀態或是際遇，但這並不意味著他們是環境的被動接受者，他們仍然具有能動性（agency，指的是個人能夠獨立行動、自由選擇的能力）。雖然最後結果並沒有被改變，但至少他們曾經努力過。

與其花費時間精力財富在內捲競爭的道路上，不如花費時間精力財富來研究到底應該如何打破內捲。面對競爭時，就要時時留意不要去做無意義的精益求精、被動地應付工作、低水平的模仿和複製……，以免陷入內捲漩渦，請儘早「進化」自我本身，相信自己，讓你內心真正的渴望和夢想，支持你努力去學習、去影響和改變未來，而不是被他人和環境所制約。不論是事業、企業、學校，甚至是國家機構，物種文明，只有不斷自我變革，做出適宜此時最優的選擇，才能留存自己的生存之地。

量子糾纏

　　2022 年的諾貝爾物理學獎授予了美國學者約翰・克勞澤（John F・Clauser）、法國學者阿蘭・亞斯佩克特（Alain Aspect）、奧地利學者安東・柴林格（Anton Zeilinger），以表彰三位學者透過糾纏光子（entangled photons）的實驗，確立了違反「貝爾不等式」的證據和證實了量子糾纏的理論。他們研究檢驗了量子力學新發現（量子糾纏），推翻了愛因斯坦認為量子力學不完整的說法。量子糾纏的出現，解釋了佛教因果、靈性第六感、共頻的存在理論。

　　萬事萬物皆有默契。在量子力學中，有共同來源的兩個微觀粒子之間存在著某種糾纏關係：不管它們被分開多遠，對一個粒子擾動，另一個粒子（不管相距多遠）立即就知道了。

QUANTUM
ENTANGLEMENT

科學論量子

什麼是量子力學

★ ★ ★

　　量子力學是現代物理學中的一個重要分支，它的研究對於我們理解自然界的微觀世界提供了重要的洞察和啟示。量子力學主要研究原子、分子、基本粒子等微觀粒子系統的性質和行為。在量子力學中，物體不再是可以被精確地描繪的點，而具有波粒二象性。波粒二象性的概念是量子力學的重要特徵之一，也是它與經典力學最大的不同之處。

　　量子力學的理論基礎主要是薛丁格方程式、海森堡不確定性原理和波粒二象性等。薛丁格方程式描述了粒子的波動性和粒子性，在量子力學中有著重要的地位。海森堡不確定性原理指出，在測量微觀粒子的位置和動量時，我們無法同時得到粒子確定的位置和確定的動量，而是只能得到一定範圍的可能值。波粒二象性則是指粒子既可以表現出波動性，又可以表現出粒子性。這些理論對於我們理解微觀世界的奇妙之處提供了關鍵的洞察。

　　量子力學的應用範圍廣泛，包括電子學、材料科學、化學、生

物學等領域。在電子學中，量子力學的應用可以幫助我們研究電子的運動和能帶結構。在材料科學中，量子力學可以用於研究物質的力學性質和熱力學性質。在化學中，量子力學可以用於解釋化學鍵的形成和反應機理等。在生物學中，量子力學可以用於研究分子和蛋白質的結構和功能等，對於科學家們理解生命的奧秘提供了新的思路。

值得一提的是，量子力學在信息學中的應用也是非常重要的。量子力學中的量子比特可以實現量子計算，比傳統的計算方式有著更高的效率和速度。此外，量子通訊也是量子力學在信息學中的重要應用之一。量子通訊利用了量子力學中的量子糾纏現象，可以實現更加安全和隱秘的通訊方式。

總之，量子力學作為現代物理學中的一個重要分支，對於我們的生活和科學技術的發展都有著不可替代的作用。隨著科技的不斷進步，量子力學的研究將繼續深入，帶來更多的發現和創新，為我們的未來帶來更多的可能性。

內捲漩渦

量子糾纏

N F T & N F R

科學論量子

2

2022 諾貝爾物理學獎

★ ★ ★

　　2022年諾貝爾物理學獎，由法國阿蘭・亞斯佩克特（Alain Aspect）、美國約翰・克勞澤（John F・Clauser）、奧地利安東・柴林格（Anton Zeilinger）三位量子物理學家共獲殊榮，以表彰他們在「糾纏光子實驗、驗證違反貝爾不等式和開創量子信息科學」方面所做出的貢獻。根據諾貝爾大會（Nobel Assembly）新聞稿，三位量子物理學家分別利用量子糾纏態進行突破性實驗，兩個粒子即使在分離時也表現得像一個整體；這項研究成果為發展量子資訊科學新技術做好準備。

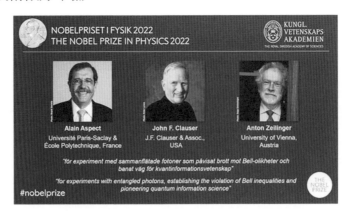

他們驗證違反貝爾不等式和開創量子信息科學方面的貢獻，證明了量子糾纏真的就是人類迄今為止發現最奇異的現象，比廣義相對論、黑洞、奇異點都來得更反直覺、更加不正常，他們的研究還讓我們可以利用這種現象來實現量子計算、量子通信，甚至是為了星際瞬間傳送這種科幻內容提供了理論的可能性，很多人說2022年諾貝爾物理學獎證明愛因斯坦錯了，但筆者認為不是愛因斯坦的相對論錯了，相對論沒有問題，而是他本人錯了，大家可以查一下愛因斯坦目前被引用最多的論文，就是這篇「Can quantum-mechanical description of physical reality be considered complete？」這篇被引用兩萬多次，其中兩萬多次都是去打愛因斯坦的臉，也就是一群物理學家排隊去說愛因斯坦不對「你說量子力學有問題？」、「你也不過如此」大多數是這樣批評愛因斯坦。那2022年諾貝爾物理學獎糾纏光子的實驗到底是什麼呢？對我們帶來什麼樣的意義？以及讓我們感到反直覺的是什麼呢？

我們先來探討一下什麼是光，我們從最簡單的講起，國中的時候我們都學過雙縫干涉實驗，就是一束光進入兩個縫隙之後會互相干涉變成條紋狀，那麼如果我們一次只讓一個光子進入，是不是光子就不會發生干涉現象了呢？愛因斯坦當初就是這麼想的，結果大家都知道一個一個發射光子的實驗依舊會產生干涉。在1988年就有人用低溫中子做了相同實驗，結果也是干涉了，這說明不是光的性質而是量子的性質，這實驗也證明了一件事，就是不能

用宏觀的物理學去理解微觀量子的運行，不然一個光子怎麼可能做到自己跟自己干涉呢？而是說光子有通過第一條縫隙的機率，也有通過第二條縫隙的機率，光子它是處在疊加態，疊加態要怎麼理解呢？入門級的理解就是量子同時處於不同的狀態，如果按照這個邏輯來說，就是一個光子同時通過了兩個縫隙，然後自己再跟自己干涉。

在 2022 年，諾貝爾物理學獎得主柴林格對一般的量子干涉理論提出了不同的見解。他認為，只有在宇宙中沒有任何方式可以得知光子位置的情況下，光子才會產生干涉。這表明了光子的干涉是由於其性質在客觀上的「不存在」所引起。我是覺得理解到這種程度就夠了，畢竟我們不是物理學家，疊加態這件事曾經讓愛因斯坦非常的不安，因為光的塌陷是隨機發生的，光走到兩條縫隙的前面，如果此時對光子進行量測或觀測，疊加態就會消失，然後光子走第一條縫隙還是第二條縫隙是完全隨機，愛因斯坦是一個崇尚宇宙精妙之美的人，他覺得完全隨機這件事情很荒謬，所以他在 1926 年寫給波耳的信裡面說：「那個老傢伙（指上帝）不會在宇宙擲骰子。」當然嚴格來說這個比喻是有問題的，因為擲骰子的也不是真正的隨機，骰子最後哪一面朝上，是跟我們擲骰子的方向、力度、骰子的材質、地面的材質、空氣的阻力等一系列的因素相關，只要有數據就能計算出結果，也就是說現實生活中發生的任何事我們都可以找到原因，但是量子的隨機卻找不到原因，於是我們就用完全

隨機去解釋，這個真的是對的嗎？你能想像自己撞牆，有一半的機率是完好無損地通過，另外一半的機率是撞得頭破血流嗎？愛因斯坦拒絕接受這樣的量子理論，於是在布魯塞爾舉行的國際性的索爾維會議上，量子力學奠基人波耳就跟愛因斯坦說：「你不要教上帝做事。」愛因斯坦為了要贏又提出「隱變量理論」，認為隨機性都是因為量子還有一些沒有觀察到的性質，這就是愛因斯坦他被引用最多論文標題所說的，所謂「量子力學不完備」，比如說可能光只存在一個「量子勢」，可以探測到雙縫實驗裡到底有幾個縫，雖然光子只是從其中一個縫隙通過，但是因為它知道有另一個縫隙的存在，所以才會表現出干涉，那麼量子力學中最神奇的還不是「疊加態」和「隨機性」，而是因此產生的「糾纏態」，按照薛丁格的說法，這是量子力學唯一不同於經典物理學的特徵，那麼量子糾纏可不可以用隱變量理論來解釋？

　　量子糾纏是世界上最像鬼魂的東西，一個靜止的粒子突然分裂成兩個粒子，並且向兩個相反的方向飛去，根據海森堡不確定性原理，這兩個粒子的動量是不確定的，但根據動量守恆定律，把這兩個飛向相反方向的粒子相加正好是零，這樣兩個粒子就糾纏到一起，那麼問題來了，如果我們測量其中一個粒子的動量，這時候另外一個粒子不管它飛出去多遠，只要保持糾纏態不和其它粒子互動，它的動量豈不是就正好相反，就可以立刻得知了嗎？

　　用這次諾貝爾得主亞斯佩克特舉的一個例子就是，如果一對雙

胞胎眼睛顏色一樣，那麼我們看到雙胞胎其中一個人的眼睛是藍色，就表示另外一個人不管在地球的哪裡，我們都知道她的眼睛是藍色，這樣聽起來是不是覺得很正常，但是量子力學奇怪的地方就是，在我們觀察眼睛顏色之前，眼睛的顏色是不確定的，眼睛的顏色是藍色和黑色的疊加態，可能是藍色也可能是黑色，只有在我們觀察之後，他眼睛的顏色坍塌成藍色，而另外一個就立刻也變成藍色，兩個人分別擲骰子結果是完全隨機但正好一樣，這才是量子糾纏而且這種變化是瞬間完成的，只要一個眼睛觀察到藍色另一個就立刻得知這個信息，這種信息傳遞速度是超光速的。

量子力學從上世紀初誕生以來，催生了電晶體（transistor）、雷射（laser，中國大陸稱激光）等重要的發明，因此被科學界稱為第一次量子革命。近年來以量子計算和量子通信為代表的第二次量子革命興起，瑞典皇家科學院在諾貝爾獎公報中表彰2022年三位物理學獎獲獎者在量子糾纏實驗方面的貢獻，表揚他們「為當前量子技術領域所發生的革命奠定了基礎」。量子糾纏是量子力學中最具爭議的問題之一，這是一種奇怪的量子力學現象，處於糾纏態的兩個量子不論相距多遠都存在著連結，其中一個量子狀態發生改變，另一個的狀態也會在瞬間發生對應的改變。在很長一段時間裡，以愛因斯坦為代表的部分物理學家對量子糾纏持懷疑態度，愛因斯坦稱其為「鬼魅般的超距作用」。他們認為量子理論是「不完備」的，糾纏的粒子之間存在著某種人類還沒觀察到的相互作用或

信息傳遞，也就是「隱變量」。

　　20世紀60年代，物理學家約翰・貝爾提出可用來驗證量子力學的「貝爾不等式」。如果貝爾不等式始終成立，那麼量子力學可能就不正確而會被其他理論替代。

內捲漩渦

量子糾纏

NFT & NFR

科學論量子

3

「量子」到底是什麼？

★ ★ ★

簡單來說，物質最小且不可分割的基本單位就叫量子。

量子是一種物理學概念，是一種存在狀態，而不是存在本身，1900 年左右，英國物理學家克耳文勳爵（Lord Kelvin）宣稱當時的古典物理學已經處於晴空萬里的狀態中，只剩下兩朵烏雲需要被解決。被其中的一朵烏雲遮蔽、無法顯現出真相的物理學問題，後來進一步地延伸出了關於「量子」的大量討論。量子一詞曾被普朗克所提及，並針對這個概念展開研究，許多人認為他的研究足以驅散當時物理學天空中的一朵烏雲：也就是受熱物體發出的電磁輻射能量與波長之間的關係問題。電磁輻射即電磁波，在不同頻率範圍分別稱作不可見光、紅外線、可見光、紫外線等等。普朗克假設物體發射出的電磁輻射能量是一份一份的，每份的能量是一個基本單位的整數倍，這個能量基本單位被他稱作能量量子，等於頻率乘以一個常數（後稱普朗克常數）。1905 年，愛因斯坦進一步提出，電磁波本身就是由能量量子組成的，稱作光量子（後簡稱為光子），

1913年，波耳提出原子中電子的能量只能取一些分立的值，叫作能量量子化。

量子的定義是一個物理量存在最小的、不可分割的基本單位，則這個物理量是量子化的，並把最小單位稱為量子。量子不是粒子，量子是一種物理學上特殊單位，只有在探討光量子時量子才會與粒子產生關聯。在微觀領域中，某些物理量的變化是以最小的單位躍進的，而不是連續的，這個最小的基本單位叫做量子，對於物理學中的粒子，研究它們的某些物理特性時，它們都顯現出量子效應，粒子在某方面都有量子性。這就像是人都有人格特質，但人格特質卻不能當作是一個具體的人，粒子在這個比喻中相當於具體的人，而量子則是人所具有的人格特質。

在物理學研究歷史上，人們首先發現輻射能量是不連續的，只能取能量基本單位的整數倍，後來的研究表明，不但能量表現出這種不連續的分離化性質，其他物理量諸如角動量、自旋、電荷等也都表現出這種不連續的量子化現象。後來愛因斯坦把量子概念引進光的傳播過程，提出「光量子」（光子）的概念，並提出光同時具有波動和粒子的性質，這就是著名的「光的波粒二象性」。所以，量子可以描述能量，也可以描述物質，量子不是物質粒子，其單位沒有統一，仔細閱讀，你會發現幾乎沒人說一個量子，一顆量子。原因是被翻譯為漢語量子的外文概念是一個多數概念的詞，其本意為「幾個」，後來被普朗克用來定義能量單位。因其不是連續可

內捲漩渦

量子糾纏

NFT & NFR

數，也不是從一開始就可數。明白了這些正確概念之細節，可以說
為理解量子力學開了個好頭。

　　量子是科學家解釋物質在微觀世界裡的波粒兩象性時，表達
物質粒子最小計量單位，在新的理論之前，我們可以接受量子的概
念，直到一個全新的科學理論誕生：量子物理學誕生了，說明以數
學方程式為基礎的現代物理學已經走到了盡頭。量子它是能源的基
本表現形式和存在的基本方法，是能量的基本粒子和基本的傳播方
法，語言是能源信息與能量引力的一種表達方式，是反映電子的力
能強弱與密度大小的音量符號即數量編碼，也是量子的力能強弱與
密度大小的量度係數即力度編碼。量子是世界不連續性的一種表
現，即空間、時間、物質和能量都是不連續的，有最小單位。這種
不連續性在微觀世界表現明顯，即常說的波粒二象性。在宏觀世
界，這種效應極其微弱，通常不考慮。當然，對量子相關現象的解
釋並無定論，也許只是最近流行的關於宇宙不過是高等文明運行之
程序的一種表現。

4

超詭異的雙縫實驗

★ ★ ★

　　一隻貓，當我不看牠的時候，牠還是一隻貓嗎？會有人或者東西能預測我們的一舉一動嗎？這個世界有可能先產生結果，再產生原因嗎？世界是確定的嗎？時間究竟存在嗎？如果你思考過以上任何一個問題，那你一定是不可多得的奇才，特別適合研究量子力學。

　　我們可以先從一個表面平淡，但是恐怖程度不斷升級的實驗開始，那就是「雙縫干涉實驗」。十七世紀時人們對於光的認識基本上聽從於牛頓，牛頓認為光的本質是一顆顆的粒子，當然也有其他人不同意，荷蘭的物理學家惠更斯（Christiaan Huygens）更堅持光應該是一種波，無奈當時的牛頓名氣實在太大了，其他人的觀點通常無法與之抗衡，直到1807年，34歲的英國學者湯瑪士・楊格（Thomas Young），用一個看似簡單的實驗，徹底改變的人們對光的看法，並且引出了一個到現在都困惑著人類的巨大謎團。湯瑪士・楊格是一個全才型的科學家，2歲時就可以識字、6歲自學拉丁語、19歲開始學醫，同時也熱愛並精通物理學和古埃及學，學醫時

內捲漩渦

量子糾纏

NFT & NFR

湯瑪士・楊格對人的聽覺和視覺特別感興趣，這也激發了他對聲音和光的研究熱情，湯瑪士・楊格非常崇拜牛頓，但是他對於牛頓提出的光的本質是粒子這個聲明持保留意見，湯瑪士・楊格覺得光和聲音的傳播方式應該很像，而當初的科學界都已經知道聲音是一種波，湯瑪士・楊格在1801年開始著手設計一些比較簡單的實驗，並且最終在1807年開展的他最著名的雙縫干涉實驗，實驗的裝置簡單來說只有三個部分組成，一個光源、一張有兩條縫隙的紙板、一個用於接收投影的螢幕。

其中的原理非常的簡單，如果光真的是粒子，那麼就一定會簡單的直接向前衝，如果面對雙縫，就會隨機通過左邊或右邊的細縫，在通過紙板之後，在螢幕上也應該只有兩條亮斑。

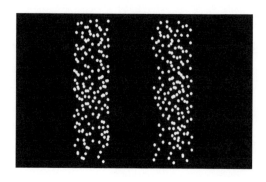

但如果光是波,那麼結果就會像水波紋一樣,光線通過雙縫以後,就會互相的干涉 ,並且在接受螢幕上形成明暗相間的條紋。

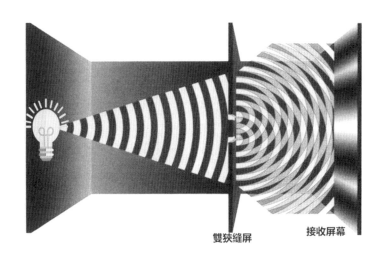

雙狹縫屏　　　　接收屏幕

雙縫實驗的結果就和大家物理課本說的一樣,條紋出現了,這就叫做干涉條紋,這個實驗證明了光的確是一種波而不是粒子,但是後來愛因斯坦通過光電效應證明,牛頓講的並沒有錯,光的確也是一種粒子,當時大家被搞得一頭霧水。

直到1924年,路易‧德布羅意提出波粒二象性,說微觀粒子包括光子、電子、質子等,這些都同時具備粒子和波的特性,這時才將這些爭議調和起來,在雙縫干涉實驗後湯瑪士‧楊格可能萬萬沒想到,他做完實驗後的100年,他的同行開始基於他的基礎之下做不同的實驗,每一次實驗的迭代都帶來更加不可思議的結果,1909年英國物理學家兼數學家傑弗里‧泰勒(Geoffrey

內捲漩渦

量子糾纏

NFT & NFR

Taylor），開展了第一次修改實驗，他調整了發射光源的強度，確保每次最多只有一個光子通過雙縫，除此之外其他的設置基本上和湯瑪士・楊格的原始設置保持一致，光子一個一個的飛過縫隙，照理來說接收螢幕上應該出現兩條亮斑比較符合常理，但是泰勒驚訝的發現干涉條紋還是出現了。

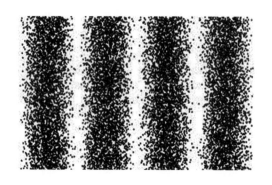

在湯瑪士・楊格的實驗中，我們可以說是多個光子互相干涉了，所以產生了干涉條紋，那麼光子一個一個的通過為什麼還會產生干涉條紋，它難道跟自己發生了干涉？其實泰勒給出的解釋就是這樣，光子和自己發生了干涉，這說明光子很可能同時通過了左右兩條縫隙，這在宏觀世界裡可能很難理解，但是怪事才要剛剛開始，1965年著名的物理學家理察・菲利普斯・費曼（Richard Phillips Feynman），提出了一個思想實驗，假設光子在通過狹縫之前，我們擺上一個攝像機或是探測的儀器，來觀察光子到底通過了那條縫隙，費曼預測干涉條紋將會徹底消失，他說對於微觀粒子而言，粒子性和波動性雖然都存在，但無法同時都被觀測到，受限

於當初的技術因素，一直到70年代後期，這個實驗才被科學家們做出來，結果令人非常震驚，不打開探測儀就會出現干涉條紋，這點正如預期沒有太多的問題，一旦打開探測儀螢幕上的干涉條紋徹底消失，剩下的只有兩條亮斑，和費曼的預測一模一樣，這時候實驗開始往玄學方向發展，除了探測儀的開關，所有的實驗條件都沒有改變，就好像粒子知道有人在觀察它，當你看我的時候，我就乖乖的找一條縫穿過去，像一個粒子老老實實的落在螢幕上，你不看我，我就自己與自己互相干涉變成波的形態，這事情在生活上就像孩子提前聽到了媽媽的腳步聲，在媽媽推門之前孩子在玩手機，但在媽媽推門的一瞬間，孩子就變成了在書桌上用功苦讀的好學生，你不能同時觀測到孩子的二象性，卻也不能否認它們的存在。

1979年物理學家約翰・阿奇博爾德・惠勒（John Archibald Wheeler）也提出了一個思想實驗，這個實驗嚴格來說和雙縫干涉實驗差別比較大，而且實驗的過程也比較複雜，使用到的器材主要是光子全反射鏡、半透鏡和接收器。

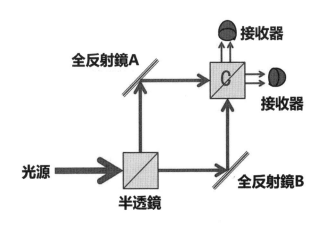

　　但是原理是相同的，為了把原理說清楚還是用雙縫實驗來類比，這個實驗就相當於如果光子通過了雙縫以後，再隨機選擇是否觀測它，它還會不會產生干涉條紋，光子是否來得及改變它的選擇呢？這就是量子力學領域著名的「惠勒延遲選擇實驗」，看到這邊大家應該有一些感受，雙縫干涉實驗的演變過程，簡直就是一部物理學家和粒子，變化著花樣玩躲貓貓的歷史，惠勒提出這個思想實驗五年後，有幾位科學家把真實的實驗做出來了，類比一下，就相當於在雙縫和螢幕之間的某個位置，安放探測光子動向的儀器，並不是每次實驗觀測儀器都會開機，在光子通過雙縫之後有時候探測器突然打開，有時就保持關閉，實驗的結果光子非常聰明，不論你開不開探測器，光子它老大根本不上當，只要探測器打開螢幕上就不會有干涉條紋，只要關閉探測器就一定會出現干涉條紋，這與你的探測器放置在哪裡並沒有影響，這一次的實驗開始挑戰人們對因果律的理解了。

　　按照我們人類對事物的理解，只能有兩種解釋，第一種是粒子能夠預知未來，它能猜到科學家下一步的打算，所以它知道應該表現得像粒子還是波。第二種解釋是粒子能改變過去，開關探測器的瞬間它能修正之前的行為，粒子變成波，波變成粒子，而不論怎麼解釋我們的觀測行為似乎都能影響到現實。

　　粒子躲貓貓的遊戲還沒完，這時候科學家們要逐漸將實驗升級到變態的境界，如果我們先想辦法標記粒子通過的那條縫，然後再

把事情搞亂，讓自己無法最終知道粒子通過哪條縫，那麼粒子達到螢幕之後，會產生干涉條紋嗎？這個就是量子擦除實驗，擦除的就是量子的軌跡信息，我們還是使用光子，光子是有自旋方向的，可以順時針自旋也可以逆時針自旋，假設我們在雙縫上安裝了兩個標記裝置，只要有一個光子從左邊的縫隙通過，就會被儀器變成順時針自旋，從右邊通過，就會變成逆時針自旋，然後在螢幕上安裝一個接收裝置，可以探知光子的自旋方向，自然就能知道每一個光子是通過哪條縫隙。

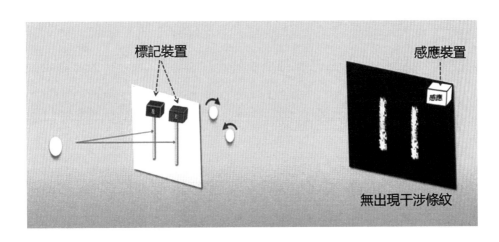

這樣做下來我們發現，干涉條紋是出不來的，只有兩條明顯的光斑因為光子的軌跡暴露了，然後我在光子抵達螢幕之前，再加一個擰轉裝置，這個擰轉裝置可以讓所有的光子都變成順時針自旋，那就代表我們再也沒有辦法知道這些光子從哪個縫隙來了，結果干涉條紋再次出現了。

內捲漩渦

量子糾纏

NFT & NFR

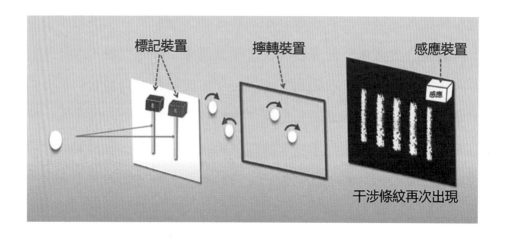

標記裝置　　　　　擰轉裝置　　　　　感應裝置

感應

干涉條紋再次出現

　　不甘心的科學家們在 1999 年還嘗試更多進階的版本，延遲選擇的量子擦除實驗，這個實驗把「延遲選擇」和「量子擦除」結合起來，簡而言之就是當光子通過雙縫的時候，被一分為二轉換成兩個相互糾纏的降頻光子 A 和 B，A 朝向螢幕跑，這時我們不用去看 A 的狀態，B 朝向一個探測器跑，也就是說我們可以看見 B 的狀態，因為 A 和 B 是糾纏的量子，用探測器觀察 B，也就會知道了 A 的狀態，直接這麼做的話螢幕上肯定出現不了干涉條紋，然後科學家把 B 也拆分了變成 B1 和 B2，建造了一個迷宮，有些路徑上放了探測器，而 B 的後代們通過不同路徑的機率是不一樣的，這些細節就先忽略不計，就說兩個結論。

　　第一只要能通過 B 的後代，100％準確的反向推導出 A 的路徑，A 在螢幕上就不會出現干涉條紋，只要沒有辦法完全肯定 A 的路徑，螢幕上就一定出現干涉條紋，第二科學家給 B 和 B 的後代設

計了非常複雜的迷宮，實際上B通過迷宮的時間，可以晚於A抵達螢幕的時間，哪怕這個迷宮有一光年那麼遠都沒有問題，A抵達螢幕之後可能都經過了一年B才通過迷宮，這時候我們回頭檢驗的結果還是一樣，就好像B一年後傳話給A，說：「A啊！我到了，放心！他們沒有在看你喔！」然後A說：「知道了！那我可就要干涉了喔！」這更加直接衝擊了因果定律。

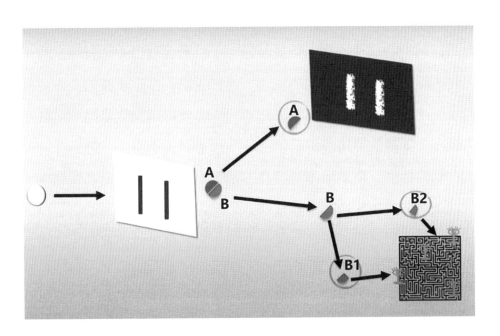

　　因果的先後順序可能是無所謂的，至少在微觀世界先有果，再有因，這是完全有可能的，如果把這個事情放大到宏觀世界，或許我們可以有兩種未來的設想，一個很黑暗一個很光明，黑暗的是宇宙的一切，我們個人經歷的一切，有可能都是被固定的，在距離我

內捲漩渦

量子糾纏

NFT & NFR

們幾十億光年遠的地方，可能才剛剛發生了一件導致人類文明出現的大事，當然也可能已經發生了一個事件，觸發人類走向最終的結局，只是我們無從探測一個完全被固定的世界，很有可能是按照預先設定的程序運行的，我們可能是一串代碼或是一顆棋子，看上去擁有自由意志，但是仍然被命運操控，這就是程序的力量。

光明的設想是我們的意識，真的能夠影響到觀測到的現實，世界能獲知我們的意圖，並且發展出相對應的狀態給我們，就像我們對微觀粒子的觀測一樣，費曼說過：「粒子展現出波性質還是粒子性質，僅僅取決你怎麼觀測它」，這和我們人生是一樣的，你要是鞋壞了，不得已光腳走在石子路上，你會覺得這簡直是酷刑，要是你踩在公園裡的健康步道石頭上，一樣是痛得不得了，但是此時的你會覺得特別有療效而渾身發熱，是吧！所以意識決定物質世界，這就是有些成功學大師會拿量子力學來說故事，光明與黑暗這兩種設想，你要相信哪一個呢？量子力學一直困擾著科學家們，挑戰著人類對時間、對因果、對確定性、對意識的一切認知。

眼、耳、鼻、舌、身、意 ---
六根六識的作用→ 讓能量變成物質

　　談到意識，用意識觀測雙縫干涉實驗就像一個火爆的IP，科學家們會不停地開發著與其相關的實驗，我們剛剛看了上述的文章才知道觀測會讓粒子的干涉現象消失，不管這個觀測是用儀器直接看，還是通過測量和推導，結果都是一樣，於是有個科學家產生了一個大膽的想法，如果用意識去觀測雙縫干涉實驗，這樣會發生什麼事情呢？這次做實驗的不是物理學家，而是一個心理學家，美國思維科學研究的首席科學家迪恩‧雷丁。

　　迪恩・雷丁他的領域是研究超心理學，也就是意識、身心靈的範疇，在這個領域他已經研究了超過三十多年了，我們先看看他怎麼做實驗，他招募了137個人來參加實驗，其中有一些人是經驗豐富的冥想者，他們比較可以快速進入冥想狀態，另外一些人則缺乏冥想經驗，平時不怎麼冥想的，迪恩・雷丁把這兩類人分開，並且再細分成小組，展開了250次實驗，每次實驗都有幾個人坐在一個安靜的場地冥想，然後就在現場的角落打開雙縫干涉實驗的設備，實驗人員指揮冥想者說：「現在把注意力集中在雙縫干涉實驗的設備上」，等待差不多30秒之後，又接著說：「現在把注意力移開」，每次這樣的實驗都會反覆進行四十次，當然，迪恩・雷丁也做了250次的對照組實驗，就是沒有冥想者在場的實驗，最終實驗的結果發現了什麼呢？當冥想者在大腦中把注意力集中到雙縫時，干涉圖樣的光譜能量就會衰減，就相當於干涉圖樣變得比較不明顯，當冥想者把注意力移開時，干涉圖樣就會相對變得比較清晰，光譜能量變得更強，而且，長期冥想者的人對比很少冥想的人，他們的意識對干涉圖樣的影響會更加顯著，這個實驗的發現是具有爆炸性的，它相當於直接證明「意識影響物質界」，照道理來說這種爆炸性的發現應該轟動全世界，但是為什麼沒有呢？因為大家採取了謹慎態度，希望進一步複製和驗證這個實驗，簡單說就是太顛覆我們人類的認知就導致有點迷信，加上大家對什麼量子、雙縫干涉實驗、光子、波、量子糾纏等等都沒有相對的科學知識和基礎，自

然也就不會感覺到訝異，一般人應該聽到後就會說：「是喔！然後呢？」

迪恩‧雷丁做為一名心理學家卻插足物理學的研究，再加上他長期研究著一個非主流的領域，大家也可以猜到物理學界對這個實驗普遍性的看法是什麼，而我們也只能等待時間來驗證了，不過一個粒子可以同時通過兩條縫隙的世界裡，在所有的可能性都飄在時空中，你觀察後才確定的世界裡，真相還會只有一個嗎？也許「可能性」就是真相的本身。

人生不是如夢
人生就是在做夢

DNA
意識能量

「個別」意識資料庫 → 示現夢中的自己
「共同」意識資料庫 → 示現夢中的世界

內捲漩渦

量子糾纏

NFT & NFR

科學論量子

薛丁格的貓

★ ★ ★

薛丁格全名埃爾溫·薛丁格，是奧地利物理學家，量子力學奠基人之一，發展了分子生物學。是維也納大學哲學博士、蘇黎世大學、柏林大學和格拉茨大學教授，同時也是量子力學的大佬之一，而他的貓又有什麼特別之處呢？這裡要說的就是著名的假想：薛丁格的貓。

實驗是這樣子的：把一隻貓、一個裝有氰化氫氣體的玻璃燒瓶和鐳225物質放進封閉的盒子裡。當盒子內的監控器偵測到衰變粒子時，就會打破燒瓶，殺死這隻貓。根據量子力學的哥本哈根詮釋，在實驗進行一段時間後，貓會處於又活又死的疊加態。可是，假若實驗者觀察盒子內部，他會觀察到一隻活貓或一隻死貓，而不是同時處於活狀態與死狀態的貓。這事實引起一個謎題：到底量子疊加是在什麼時候終止，並且塌縮成兩種可能狀態中的一種狀態？根據常理如果原子衰變了，那麼毒氣瓶就被打破，貓就會被毒死。要是原子沒有衰變，那麼貓就好好地活著。根據量子力學，未進行

觀察時，這個原子核處於已衰變和未衰變的疊加態，但是，如果在一個小時後把盒子打開，實驗者只能看到「衰變的原子核和死貓」或者「未衰變的原子核和活貓」兩種情況。大家注意這個疊加形態，就是說這個原子核既是已衰變的又是未衰變的，是兩種狀態疊加在一起的，只有當有人去觀測時，才會具體表現為衰變或者沒有衰變，如果沒人管它，它就一直處於疊加狀態，這就很可怕了，因為這隻貓會隨著原子核的疊加進入一種又死又活狀態，成為一隻又死又活的貓。

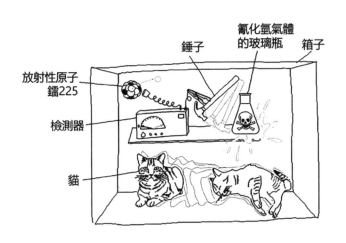

顯然這是違背常理的，那為什麼會出現這種結果呢？這個實驗的巧妙之處在於使量子力學的微觀世界不確定性，轉變為宏觀世界的不確定性，微觀的混沌變為宏觀的荒謬，貓不是死了，就是活著，兩者必居其一，微觀世界的粒子可以處於疊加狀態，但是宏觀世界裡的貓不行，貓不可能同時既死又活。

英國科學家霍金聽到「薛丁格的貓」時說，「我去拿槍來把貓打死！」換句話說，難道說月亮只有在我們抬頭看的時候才會變成月亮嗎？這裡有個關於人為觀測的因素在內，微觀世界的觀測與宏觀世界的觀測有所不同。

宏觀世界的觀測對被觀測對象沒有什麼影響。我們俗話說：「看一眼總行吧！」意思是對所看之物並無影響，用不著擔心。但是微觀世界的觀測對被觀測對象有影響，會引起變化。以觀測電子為例，要用光照才能看見，光的最小單位光子的能量雖小但不是零，光子照到被觀測的電子上，對電子的影響很大。所以，在微觀世界中看一眼也會惹禍。

按照量子力學的解釋，箱子裡的貓處於「死活疊加態」，既死了又活著！要等到打開箱子看貓一眼才決定其生死。大家要注意一點，很多人覺得困惑的就是因為覺得貓不可能又死又活，因為在宏觀世界是沒有這種道理的，我們要知道決定貓死還是活著的不是貓本身，而是那個原子核是否衰變，衰變就死，不衰變就活，而這個原子核偏偏兩種都不選，它選擇又衰變又不衰變，而這隻可憐的貓也只能跟著它一起變成了又死又活可憐的貓。

或許有朋友又要說了，那直接做一下這個實驗看看這個貓到底是不是又死又活不就行了，這個是不可能的，首先是無法將之與周圍環境隔離，置於真空中的貓馬上會死掉，與接近絕對零度的超導流不同，常溫下的貓根本不是宏觀量子系統，更不可能是疊加態，

而且你如果想要觀測鏡頭接收影像，就必須有光在箱子裡，那也就影響了觀測結果，憑聲音的話更不可能，聲音是無法在真空中傳播的。也就是因為這個實驗沒法做，所以有很多假設和猜想。比較有名的就是「多世界」的詮釋，意思是說兩隻貓都是真實的，有一隻活貓，有一隻死貓，但它們位於不同的世界中，問題並不在於盒子中的放射性原子是否衰變，而在於它既衰變又不衰變。當我們朝盒子裡看時，整個世界分裂成它自己的兩個版本，這兩個版本在其餘的各個方面都是全同的，唯一的區別在於其中一個版本中，原子衰變了，貓死了；而在另一個版本中，原子沒有衰變，貓還活著。他的發現者說：「在量子的多世界中，我們通過參與而選擇出自己的道路。在我們生活的這個世界上，沒有隱變量，上帝不會擲骰子，一切都是真實的。」你聽懂了嗎？是不是覺得很科幻，這個實驗雖然做不出來，但是大家也不要太失望，因為物理學家根據現有的實驗結果，對薛丁格貓為什麼不可能有「死活疊加態」已經能做出符合量子力學的解釋了，類似的實驗還是有的。

2005 年 12 月，美國國家標準暨技術研究所的萊布弗里特等人在《自然》雜誌上稱，他們已實現擁有粒子較多而且持續時間最長的「薛丁格的貓」態。實驗中，研究人員將鈹離子每隔若干微米固定在電磁場景中，然後用雷射使鈹離子冷卻到接近絕對零度，並分三步操縱這些離子的運動。為了讓儘可能多的粒子在儘可能長的時間裡實現「薛丁格的貓」態，研究人員一方面提高雷射的冷卻效

內捲漩渦

量子糾纏

NFT & NFR

率，另一方面使電磁場景盡可能多地吸收離子振動發出的熱量。最終，他們使6個鈹離子在50微秒內同時順時針自旋和逆時針自旋，實現了兩種相反量子態的等量疊加糾纏，也就是「薛丁格的貓」態。雖然還不能與數兆個原子構成的貓相比，但相較單個原子分子畢竟前進了一大步。

How to 應用

6

量子運算

★ ★ ★

量子計算是基於量子力學的全新計算模式，是利用量子疊加態和糾纏態等物理特性，通過量子態的受控演化實現資料的表示計算。相對於傳統電子電腦使用比特作為基本單元，量子計算使用的量子比特具有疊加特性，量子計算算力處於多種可能性的疊加狀態，隨著量子比特數量增加，量子計算算力可呈指數級規模成長，具有經典資訊處理無法比擬的巨大資訊攜帶和超強並行處理能力。目前已有量子演算法利用量子力學效應解決特定的密碼學問題，其效率比傳統電腦更高。量子計算依賴於量子的物理特性，由於量子容易受到物理環境影響（如溫度、磁場、壓力等），導致量子計算自身容易出錯。因此，量子演算法的電路需要額外的量子比特進行糾纏，在工程實踐中實現特定能的量子計算機比理論上更加複雜。研究機構預測，未來 10 年有可能建造一台能夠破解當前強度密碼演算法的量子電腦。考慮到量子計算的發展趨勢，有必要提前為資訊安全系統做好準備，使其能夠應對這種未來必然面對的威脅。例

如，區塊鏈中的存儲資料可能需要多年的保護，具有較長的生命周期，因此需要足夠的安全手段，以確保在資料的生命周期內對預期的安全威脅進行防範。量子運算屬於多學科領域（包括電腦科學、物理學和數學的各個方面），可利用量子力學解決複雜問題，且速度要比傳統電腦更快。量子運算領域包括硬體研究和應用程式開發。透過利用量子力學效應（例如疊加和量子干擾），量子電腦能夠比傳統電腦更快地解決某些類型的問題，在應用程式中提供速度提升，而這些應用程式包括機器學習（ML）、最佳化和物理系統模擬。最終使用案例可以是金融領域的投資組合最佳化或化學系統的模擬，幫助解決目前即使是市場上最強大的超級電腦也無法解決的問題。

量子位元（Qubit）是量子電腦最基本的運算單元，為了使量子位元能夠被運用，量子必須達到量子疊加（Quantum superposition）和量子糾纏狀態（Quantum entanglement）：即單一量子須同時處於兩種物理狀態，且兩個量子間需形成連結，使得兩個量子即使不處於同一個空間，卻可以即時互相影響，才能做為量子運算基本單元。量子可以是電子、離子或光子，只要能夠達到疊加和糾纏狀態就可以做為量子位元，量子位元的讀寫可透過微波、磁脈衝或雷射。目前主流的五種量子運算方式有矽自旋量子、離子阱、超導迴路、鑽石空位和拓樸量子。

量子疊加可以用丟擲硬幣比喻：硬幣可為頭像（1）或反面

（0）就如同傳統的位元，將硬幣擲到空中轉動時，硬幣不停在頭像和反面轉換，在空中旋轉時就像是同時為1和0，只有真正落下後才知道最後落在哪一面。以電子做為量子為例，電子自旋向下時能量最低為0，可利用特定頻率的微波脈衝加熱電子，使電子獲得能量後自旋向上，改寫為1，若將量子置於矽晶體電極中，就可以量測到電流獲知量子的狀態。

那麼又如何達成量子糾纏狀態？若以光子為例，科學家可以用雷射產生大量光子射入兩層超薄且相性相反的非線性晶體，當光子通過非線性晶體時，偶爾會產生成對的光子，由於兩層晶體相位相反，產生的光子極性相反，可能為垂直或是水平，又因為晶體極薄，光子的相位是垂直或水平，只有在量測時可以得知，而且這對光子的相位一個若為垂直，另一個就必為水平，反之亦然，此時這對光子的狀態就稱為量子糾纏狀態。由於量子位元的疊加和糾纏特性，使得量子位元可以不像傳統電腦位元只能為0或1而是能夠同時為0和1，此特性使量子位元的運算能力增加，量子電腦得以進行大量資料的平行運算。

內捲漩渦

量子糾纏

NFT & NFR

147

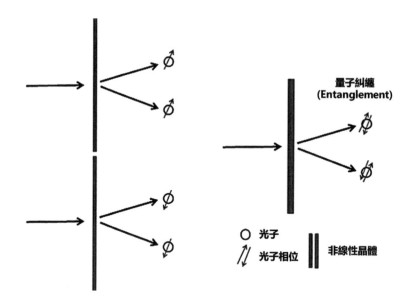

量子電腦不像傳統電腦，運算步驟被位元數限制。如果想找出4位元（可為0或1）組合中某一組數字，傳統電腦最多需要嘗試到16次，平均需要嘗試8次；如果想找出20位元組合的其中一組數字，最多需要嘗試到約一百萬次運算步驟。由此可知傳統電腦在解決這類問題時，嘗試的次數和所欲搜尋的數字可能組數呈線性關係，當所運算的可能性呈指數成長時，即使是超級電腦，所需要的運算時間將長到無法實際用來解決問題。量子運算由於其特殊的量子特性，在上述的4位元組合數字問題，可以在4次運算後直接得到16種可能情形中的解答，在1000次運算後即可找出20位元組合，一百萬個可能的其中一組特定數字，運算次數只需可能情形總數的平方根，滿足指數型的複雜運算需求。

How to 應用

區塊鏈

★ ★ ★

　　量子計算需要利用量子態疊加的特性，通過量子態實現資料的存儲計算，會具有巨大的資訊儲存和超強的並行處理能力，近年來量子電腦的發展呈現加速趨勢，對傳統密碼學領域將產生顛覆性影響。區塊鏈作為新型資訊處理技術，在信任建立、價值表示等有不可取代的優勢，這些優勢建立在以密碼學作為核心技術的基礎之上，區塊鏈將受到量子計算的影響相當大。

★ 量子計算對密碼學的影響

❶ 非對稱密碼演算法

　　非對稱密碼演算法中存在一對公私密鑰，私鑰一般是個人持有，不能被其他人獲取，公鑰一般可公開。非對稱密碼演算法可用於數位簽章、身份認證、資料加密等場景。利用量子電腦的秀爾量子演算法[註1]，能夠在短時間內解決耗時的整數分解問題。

註1　秀爾演算法(英語:Shor's algorithm)是一個於 1994 年發現的，以數學家彼得.秀爾命名，針對整數分解題目的的量子演算法(在量子計算機上面運作的演算法)。

　　RSA演算法的安全性依賴於分解大整數的困難性，因此，量子電腦最終削弱了系統的安全性。秀爾演算法（Shor's algorithm）也使得量子電腦能夠在較短時間內解決有限域和橢圓曲線上的離散對數問題。該變體導致其他多種公鑰密碼演算法不再安全，包括ECDSA[註2]和Diffie-Hellman[註3]，為了應對量子計算對非對稱密碼學的威脅，有必要將現有的演算法替換成新的抗量子的演算法。但對於目前備選的抗量子演算法的研究比傳線的公鑰演算法的研究要少得多，因此需要在對抗量子威脅和確保使用且經過測試的系統之間取得平衡。

２｜ 對稱密碼演算法

　　對稱密碼演算法中，加密密鑰和解密金鑰相同，一般用於資料加密。Grover搜尋演算法[註4]對非結構化的搜索問題提供二次方的加速。將其應用於對稱密碼演算法，在實際應用中，Grover算法提供的加速取決於多種因素，例如量子位數量、量子糾錯能力等。有研究指出隨著量子電腦的發展、128位元AES[註5]演算法的安全性會有

註2　橢圓曲線數位簽章算法（英語：Elliptic Curve Digital Signature Algorithm，縮寫作 ECDSA）是一種基於橢圓曲線密碼學的公開金鑰加密算法。1985年，Koblitz和Miller把數位簽章算法移植到橢圓曲線上，橢圓曲線數位簽章算法由此誕生。

註3　迪菲-赫爾曼密鑰交換（英語：Diffie - Hellman key exchange，縮寫為D-H）是一種安全協定。它可以讓雙方在完全沒有對方任何領先資訊的條件下通過不安全信道建立起一個金鑰。

註4　格羅弗演算法（英語：Grover's algorithm）是一種量子演算法，於1996年由電腦科學家洛夫·格羅弗提出。

註5　進階加密標準（英語：Advanced Encryption Standard，縮寫：AES），又稱Rijndael加密法（荷蘭語發音：['rɛindaːl]，音似英文的「Rhine doll」），是美國聯邦政府採用的一種區塊加密標準。

所降低，但不會降低至相當於64位的安全性。業內研究表明，將密鑰長度延長一倍就足夠應對量子計算對對稱密碼演算法的威脅。

③ 雜湊演算法

　　雜湊演算法（Hash演算法，也叫散列演算法）雜湊函數把訊息或資料壓縮成摘要，使得資料量變小，將資料的格式固定下來。該函數將資料打亂混合，重新建立一個叫做雜湊值（hash values，hash codes，hash sums，或hashes）的指紋。雜湊值通常用一個短的隨機字母和數字組成的字串來代表，也叫摘要或指紋。Grover演算法對也能影響散列演算法的安全，有研究認為，對SHA-256[註6]演算法的單一原像攻擊需要大約20^166次操作，而不是理論上的2^128次。碰撞是散列演算法安全性的另一度量，對於尋我碰撞，目前尚未有比經典演算法更加有效的量子演算法。

④ 量子隨機數

　　由於量子狀態具有隨機性，利用該特點提取出的隨機數稱為量子隨機數，與從經典物理雜訊（如熱雜訊、電雜訊等）中提取的隨機數相比隨機性更高。

註6 (Secure Hash Algorithm，安全散列演算法)是一個密碼雜湊函數家族，是FIPS所認證的安全雜湊演算法。能計算出一個數位訊息所對應到的，長度固定的字串（又稱訊息摘要）的演算法。且若輸入的訊息不同，它們對應到不同字串的機率很高。

內捲漩渦

量子糾纏

N F T & N F R

區塊鏈與密碼學

區塊鏈是基於塊鏈式資料結構、密碼學、分散式節點、共識機制等技術組成的一種全新的分散式基礎架構，而密碼學作為區塊鏈的核心技術之一，是確保區塊鏈安全運作的基石。

非對稱密碼演算法在區塊鏈中的應用

在區塊鏈技術中，非對稱密碼演算法被廣泛用於確保保密性、真實性、完整性、不可否認性和隱私性。

具體可用於以下用途：

1 身份認證

在許可區塊鏈中，節點首先經過身份認證加入區塊鏈網路中，基於身份進行節點及參與者權限管理及監管等，身份認證可基於公私鑰體系。以 Hyperledger Fabric（超級帳本）為例，其提供了一個成員身份服務 MSP（Membenship Senvice Providers，成員服務提供者），使用基於 ECDSA 演算法的數位證書管理用戶身份。成員提交交易、訪問通道帳本及修改網路配置等操作基於身份及策略進行授權，並會被適當記錄和披露以用於監管審計。

2 所有權認證

　　在一些使用UTXO（Unspent Transaction Outputs，未花費交易輸出）機制的區塊鏈系統中，帳戶資產的所有權是通過密鑰和簽名來確立的，公鑰或經轉換後用於接收資產、私鑰用於支付這筆資產時的交易簽名。公私鑰間的數學關係，使得節點可通過驗證簽名和公鑰之間的關係，來確定資產是否由簽名者所擁有，進而驗證交易是否有效。例如，比特幣使用基於secp256k1[註7]進行支付帳戶所有權的驗證，進而完成資產轉移和交易。

❸ 背書簽名

　　一些區塊系統使用背書機制，即承擔背書任務的節點為區塊鏈交易進行交易資訊驗證，對驗證通過的交易背書，當收到足夠多的背書節點的結果後，表示這個交易已經正確背書。背書節點必須通過有效簽名來證明本節點對這筆交易的確認，比如Hyperledger Fabric中，背書節點模擬執行鏈碼後生成提議結果，非對結果進行背書，即利用基於ECDSA演算法的私鑰對結果進行簽名。

❹ 消息完整性保護

　　對消息進行簽名可用於消息的完整性驗證，如傳輸和存儲中的交易。具體演算法與上述簽名演算法一致。

註7　橢圓曲線簽名演算法secp256k1是一種橢圓曲線，其基於有限域上的256位元。它被廣泛用於加密貨幣領域，尤其是比特幣。secp256k1橢圓曲線簽名演算法基於該橢圓曲線的離散對數問題，提供了一種安全和高效的數位簽章方案。

內捲漩渦

量子糾纏

NFT & NFR

5 通信保護

一些資料隱私要求比較高的應用中，需要對資料在區塊鏈網絡中的傳輸通道進行安全保護，一般會使用TLS[註8]機制，應用非對稱密碼演算法及證書體系進行身份認證和密鑰分發，從而在節點間建立秘密通道。通常採用RSA、ECDSA等非對稱密碼演算法。

6 隱私保護

一些對帳戶隱私要求比較高的應用中，需要確保交易雙方的身份匿名化，目前有環簽名、群簽名等簽名機制用於身份認證或交易驗證中混淆或隱藏身份。

★ 對稱密碼演算法在區塊鏈中的應用

對稱密碼演算法中只存在一個密鑰，用於發送和接收雙方對明文進行加解密。在區塊鏈中可用於模糊資料及隱私保護，比如Hyperlcdger Fabric中常見使用的加密演算法（如AES）對區塊鏈碼中的部分或全部值進行加密，再將交易發送給排序服務並將區塊添加到帳本中，一旦加密資料被寫入帳本，就只能由擁有用於生成密碼文本的相應密鑰的用戶解密。

註8 傳輸層安全性協定(英語：Transport Layer Security，縮寫：TLS)前身稱為安全通訊協定(英語：Secure Sockets Layer，縮寫：SSL)是一種安全協定，目的是為網際網路通訊提供安全及資料完整性保障。

154

雜湊演算法在區塊鏈中的應用

雜湊演算法具有正向快速、逆向困難的特點，即給定輸入和 Hash 演算法，在有限時間和資源內能計算出雜湊值，但反過來，給定雜湊值，在有限時間內很難逆推出明文。另外，雜湊演算法對輸入敏感和輸入訊息修改會極大影響輸出值，而優秀的 Hash 演算法應該具備抗碰撞能力，很難找到兩個不同的輸入，產生相同的雜湊值。

量子計算對區塊鏈的影響

非許可區塊鏈和許可區共鏈都具有鏈上資料不可竄改、鏈上資料可信的特性，但兩者在鏈的接入控制、用戶的帳戶管理方面有顯著差異，這導致兩者在非對稱密碼演算法的使用範圍和程度上有顯著不同。

量子計算對非許可區塊鏈的影響

以比特幣為代表的非許可區塊鏈沒有接入控制，任何人都可以加入鏈中進行區塊鏈上的操作。大多數非許可區塊鏈使用基於工作量證明的共識機制確定記帳節點，將交易資料上鏈。量子計算技術

內
捲
漩
渦

量
子
糾
纏

N
F
T
&
N
F
R

對非許可區塊鏈各種功能的影響如下：

1 接入控制

量子計算技術對非許可區塊鏈的接入控制沒有影響，因為非許可區塊鏈沒有採用密碼學技術對鏈的接入進行控制的原因。

2 共識機制

工作量證明是對雜湊函數的輸入進行求解，要求其雜湊值需滿足特定特徵，為此每個節點需要不斷改變雜湊函數輸入值進行運算，首先得到答案的節點獲得記帳權。目前普遍認為常用的雜湊函數能夠抗量子計算攻擊，因為目前所知的 Grover 量子演算法還沒有傳統的演算法對雜湊函數求碰撞解的速度快。因此量子計算技術對共識機制基本上沒有影響。

3 鏈上數據

區塊上的交易資料的完整性由雜湊值保證。每個區塊通過使用雜湊函數對上一個區塊的區塊頭進行運算所得雜湊值與上一個區塊進行連結，從而形成鏈式資料結構。攻擊者要竄改區塊鏈上的交易資料，需要能夠破解使用的雜湊函數，而目前常用的雜湊函數（如 SHA-256、SM3）是能夠抗量子計算攻擊的。目前的研究表明，量子計算技術對鏈上交易資料的完整性基本沒有威脅。如果鏈上資料使用對稱演算法進行加密，其安全強度相當於經典計算中密鑰長

度減半的效果。

④ 帳戶管理

非許可區塊鏈一般採用用戶端的方式管理用戶帳戶。用戶端裡可以包含多個公私鑰對用於轉帳交易，即用戶端與公私鑰對不是一對一的關係。用戶端的存取控制一般採用口令短語的方式。只要口令短語的有效資訊長度為256位元，量子計算技術也不能在有效時間內破解用戶私鑰。與傳統的軟體和硬體亂數產生器相比，採用量子亂數產生器可以提升密鑰的隨機性，增加密鑰安全強度。

⑤ 交易

非許可區塊鏈上交易時，發送方使用自己的私鑰對交易資訊進行簽名，並把交易資訊、簽名以及與私鑰對應的公鑰在區塊鏈上公佈。接受方使用收到的公鑰對簽名進行驗證以確定交易資訊的真實性。由於交易使用了非對稱密碼演算法，量子計算技術將對交易產生重大影響。攻擊者使用秀爾演算法有可能從鏈上的公鑰推導出私鑰，從而能竄改交易信息並偽造簽名。一些非許可區塊鏈建議使用者每次交易使用不同的公私鑰對，這在一定程度上可以減輕這種影響。

內捲漩渦

量子糾纏

NFT & NFR

⑥ 隱私保護

有些非許可區塊鏈採用零知識證明的方法來隱藏交易資訊，隱藏資訊的方法是基於橢圓曲線密碼技術來實現。量子計算技術能夠在有效時間內破解橢圓曲線密鑰，從而使隱私保護的方法失效。

★ 量子計算對許可區塊鏈的影響

以 Hyperledger Fabric 為代表的許可區塊鏈依賴 PKI[註9] 技術對用戶接入區塊鏈以及用戶在鏈上的角色進行控制。許可區塊鏈一般基於簽名背書的機制的以使分佈節點達成共識，並通過排序節點把資料上鏈。

量子計算技術對許可區塊鏈的各種功能的影響如下：

① 接入控制

針對依賴 PKI 技術進行接入控制的許可區塊鏈，量子計算技術對接入控制有非常大的影響。PKI 基本上使用非對稱密碼演算法構建而成。攻擊者使用秀爾演算法可以從 CA 的公鑰推演出 CA（Certificate Authority，證書頒發機構）的私鑰，從而偽造任何用戶身份接入許可區塊鏈。

註9 公開金鑰基礎建設（英語：Public Key Infrastructure，縮寫：PKI），又稱公開金鑰基礎架構、公鑰基礎建設、公鑰基礎設施、公開密匙基礎建設或公鑰基礎架構，是一組由硬體、軟體、參與者、管理政策與流程組成的基礎架構，其目的在於創造、管理、分配、使用、儲存以及復原數位憑證。

2 共識機制

基於簽名背書作為實現共識機制基礎的區塊鏈中，簽名一般使用非對稱密碼演算法，因此量子計算技術對共識機制有很大影響，例如偽造背書結果。

3 鏈上數據

與非許可區塊鏈相似，區塊上的資料的完整性由雜湊函數保證。區塊之間基於雜湊值進行相互連結。攻擊者要竄改鏈上數據，需要能夠破解使用的雜湊函數，而目前的普遍認知是安全標準化的雜湊函數是能夠抗量子攻擊的。因此，量子計算技術對鏈上交易資料的完整性基本沒有威脅。如果鏈上資料使用對稱演算法進行加密，其安全強度相當於經典計算中密鑰長度減半的效果。

4 帳戶管理

使用者的身份由CA通過證書的方式確定和發佈。通常一個用戶在一個許可區塊鏈上只有一個證書。證書對應私鑰訪問控制一般採用短語口令的方式。只要短語口令的有效長度為256位元，量子計算技術也不能在有效時間內獲得破解對私鑰的存取控制。但是證書是公開信息，攻擊者使用秀爾演算法能從證書中的公鑰推導出相應的私鑰，從而使帳戶管理失效。

內捲漩渦

量子糾纏

NFT & NFR

5 交易

許可區塊鏈上交易時，發送方使用自己的私鑰對交易資訊進行簽名，並把交易資訊、簽名、以及與私鑰對應的證書在區塊鏈上公佈。接受方使用收到的公鑰對簽名進行驗證確定交易資訊的真實性。由於交易使用了非對稱演算法，量子計算技術將對交易產生重大影響。攻擊者使用秀爾演算法破解CA的私鑰後，可以偽造任何證明並發起交易，從而使許可鏈上的交易失去真實性。

6 隱私保護

許可區塊鏈存在兩種方法來實現隱私保護，一為零知識證明、二為交易通道。比較成熟的零知識證明方法，一般都基於非對稱密碼演算法構建，因此不能抵抗量子計算的攻擊。交易通道用於保證鏈上的資訊只能由本鏈的參與者訪問，通道內的通信使用基於使用證書的TLS保護。使用證書的TLS要使用非對稱演算法對通道雙方進行驗證並建立加密密鑰，攻擊者使用秀爾演算法破解證書後，可以實現中間人攻擊獲得加密密鑰，從而獲得交易資訊。

How to 應用

量子通訊

★ ★ ★

量子通訊由於其技術、設備都不太平易近人，它並非要直接取代傳統通訊。最好的方式，是去補足現代技術不足的地方，例如某些場景可能需要接近100%的安全性，那可能就是量子通訊能發揮強項的地方

國立清華大學物理系褚志崧教授

量子通信又稱為量子隱形傳送，量子通信是由量子態攜帶信息的通信方式，它利用光子等基本粒子的量子糾纏原理實現保密通信過程。量子通信是一種全新通信方式，它傳輸的不再是經典信息而是量子態攜帶的量子信息，是未來量子通信網路的核心要素。量子隱形傳送所傳輸的是量子信息，它是量子通信最基本的過程。人們基於這個過程提出了實現量子網際網路的構想。量子網際網路使用量子通道聯絡許多量子處理器，它可以同時實現量子信息的傳輸和處理。相比傳統網際網路，量子網際網路具有安全保密特性，可實

內捲漩渦

量子糾纏

NFT & NFR

現多端的分體計算，有效地降低通信複雜度等一系列優點。量子通信與成熟的通信技術相比具有巨大的優越性，它有保密性強、大容量、遠距離傳輸等特點，是21世紀國際量子物理和信息科學的研究熱點。

量子通信是利用了光子等粒子的量子糾纏原理。量子信息學告訴人們，在微觀世界裡，不論兩個粒子間距離多遠，一個粒子的變化都會影響另一個粒子的現象叫量子糾纏，這一現象被愛因斯坦稱為「詭異的互動性」。科學家認為，這是一種「神奇的力量」，可成為具有超級計算能力的量子電腦和量子保密系統的基礎。量子態的隱形傳輸在沒有任何載體的攜帶下，只是把一對攜帶信息的糾纏光子分開來，將其一的光子發送到特定的位置，就能準確推測出另一個光子的狀態，從而達到「超時空穿越」的通信方式和「隔空取物」的運輸方式。量子態隱形傳輸就是遠距離傳輸，在無比奇特的量子世界裡，量子呈現「糾纏」運動狀態。該狀態的光子如同有「心電感應」，能使需要傳輸的量子態「超時空穿越」，在一個地方神秘消失，不需要任何載體的攜帶，又在另一個地方瞬間出現。事實上，糾纏的兩個粒子儘管可以在很遠的距離也能一個影響另一個，但它們無法傳遞任何信息。以密鑰為例，當雙方共用同一套密鑰時，並沒有發生信息的傳遞雙方無法利用密鑰做任何事情，直到加密的文本傳來，密鑰才有意義。傳送加密文本的速度仍然不可能超過光速。相對論沒有失效。量子通信和傳統通信的唯一區別在

於，量子通信採用了一種新的密鑰生成方式，而且密鑰不可能被第三方獲取。量子通信並不神奇。在建立量子態隱形傳輸的基礎上，科學家又疊加上了「後選擇」演算法，完成了一種新模型（P—CTCs）。「後選擇」演算法能夠確保某一特定類型的量子信息態進行隱形傳輸，而將其他量子信息過濾掉。只有經「後選擇」法認定傳輸前後能自相一致的量子信息態，才有資格得到這種「通行證」，進行隱形傳輸。這種情況下，時間旅行成立的先決條件就是一個自治、不產生矛盾的環境狀態。它允許回到過去的時空，但禁止一切可能在未來導致悖論產生的行為。量子通信系統的基本部件包括量子態發生器、量子通道和量子測量裝置。按其所傳輸的信息是經典還是量子而分為兩類：前者主要用於量子密鑰的傳輸，後者則可用於量子態隱形傳和量子糾纏的分發。

📍 量子通信的特點

1. 量子通信的信息傳遞可以不通過通信雙方之間的空間，從而使通信不受通信雙方的空間環境影響，即它是完全抗干擾的。

2. 量子通信的線路時延可以為零，即與通信雙方之間的距離無關，所以這是最快的通信方式。

內捲漩渦

量子糾纏

NFT&NFR

3. 可以使第三方無法進行干擾和竊聽，信息載體完全可以只保存於信息的雙方處，因此它是保密性最強的通信方式。

4. 不存在任何電磁輻射污染，它是完全環保型的。

⭐ 量子通信的方式

1. 利用量子耦合技術，製備出多粒子的量子耦合態。這種技術目前難以實現。

2. 利用生物技術，建立意識生物的意識器官（如人腦）之間的某種量子耦合，這種技術目前有可能實現。

⭐ 量子通信的研究方向

1. 進一步尋找實現多粒子的量子耦合態的方法和技術。

2. 利用目前可行的生物技術實現量子超光速通信。最近美國華盛頓大學有兩個小組開始準備類似實驗。

3. 對人腦的意識識別過程進行深入研究，進而發展更先進的意識識別模擬技術，並利用生物晶元技術，將人腦的意識識別功能集成於一塊微小的生物晶元中，從而研究出真正的量子通信的產品。

量子傳遞

★ ★ ★

　　量子力學是一百多年前出現的領域，但是最近幾十年才是發展最迅速的階段，各種驗證量子理論的技術，不僅是為了反駁愛因斯坦，還為我們操縱量子做鋪墊，以前讓一個單獨光子通過兩個縫隙的實驗是非常高端的實驗，現在在實驗室裡隨便就可以給學生做演示，所以也有很多人把當下稱為「第二次量子革命」，我們現在已經創造出來了量子訊息、量子光學、量子計算、量子密碼、量子模擬、量子測量、量子速讀、量子易經、量子佛學等多個細分領域，可以說是百花齊放春滿園。

　　其中柴林格（Anton Zeilinger）的成果之一就是量子「隱形傳態」，簡單來說就是「瞬間移動」，英文叫做 Quantum Teleportation 簡稱量子 TP，很多人都想過以後的星際旅行，其中最大的問題就是交通時間，如果有一種瞬間移動的技術，就可以快速地在各個不同星球之間旅行，目前有機會做到瞬間移動的就是利用量子糾纏，但是懂量子力學的人一定會說這不可能，因為我們不能完全知道一個

內捲漩渦

量子糾纏

NFT & NFR

物體的所有量子訊息，更別說利用複製來完成瞬間移動，這個叫做量子不可複製定理，但是如果你再懂得多一點，大概就知道這已經可以透過實驗完成了，我們可以用一對相互糾纏的量子，然後將他們兩個放在不同的星球上，接著把第三個量子和這一對中的一個通過貝爾測量糾纏，糾纏完之後也就相當於把它的量子訊息，傳到了遠處的另一個星球。

用另外一種方式來比喻，假設有一對貓，牠們處在量子糾纏的生死疊加態，分別位於地球和火星，其中地球的貓死了；火星的貓就活，反之相同道理，然後我們養了一隻又死又活的狗，也是屬於生死疊加態，其中有A的機率活，B的機率死，A+B=100％，我們的目的是通過這兩隻貓，把地球上狗狀態的訊息秒傳到火星上，至於如何做呢？

第一步、把一隻狗和地球上的貓放在一起，並且透過操作讓牠們糾纏，可以透過四個問題來操作：

問題一 貓和狗是不是狀態一致？（貓死狗死）、（貓活狗活）

問題二 貓和狗是不是只死了一隻？（貓活狗死）、（貓死狗活）

問題三 貓和狗是不是至少死了一隻？（貓活狗死）、（貓死狗活）、（貓死狗死）

問題四 貓是不是單獨活著？（貓活狗活）、（貓死狗活）、（貓死狗死）

問題一
狀態一致

問題二
只死一隻

問題三
致少死一隻

問題四
貓還獨活

　　當我們把貓狗的狀態用問題表示出來後，就方便帶入下一個式子，比如，狗活貓死的情況就等於（問題四）減去（問題一），就是（貓死狗活）。

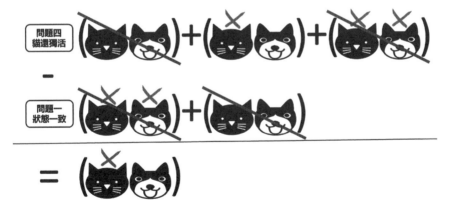

問題四
貓還獨活

－

問題一
狀態一致

＝

　　其他的情況也可以這樣表示出來，接下來我們來看整體情況，把貓狗全部糾纏在一起。

內捲漩渦

量子糾纏

N F T ＆ N F R

$$(\text{🐱🐕}) = \boxed{\text{問題一}} + \boxed{\text{問題二}} - \boxed{\text{問題三}} \qquad (\text{🐱✗🐕}) = \boxed{\text{問題一}} + \boxed{\text{問題二}} - \boxed{\text{問題四}}$$

$$(\text{✗🐱🐕}) = \boxed{\text{問題四}} - \boxed{\text{問題一}} \qquad (\text{✗🐱✗🐕}) = \boxed{\text{問題三}} - \boxed{\text{問題二}}$$

$$(A\text{🐕} + B\text{✗🐕}) \times (\text{🐱🐱} + \text{🐱✗🐱})$$

$$= A\text{🐕🐱🐱} + A\text{🐕🐱✗🐱}$$

$$+ B\text{✗🐕✗🐱🐱} + A\text{✗🐕🐱✗🐱}$$

再帶入上面的公式就可以得到，四個問題對應的狀態。

$$= \boxed{\substack{\text{問題一}\\\text{狀態一致}}} (-A\text{🐱} + (A+B)\text{✗🐱})$$

$$+ \boxed{\substack{\text{問題二}\\\text{只死一隻}}} (-B\text{🐱} + (A+B)\text{✗🐱})$$

$$+ \boxed{\substack{\text{問題三}\\\text{致少死一隻}}} (B\text{🐱} - A\text{✗🐱})$$

$$+ \boxed{\substack{\text{問題四}\\\text{貓還獨活}}} (A\text{🐱} - B\text{✗🐱})$$

如果此時地球上的人對貓狗進行觀察，隨便問一個問題，比如第四個問題，這個貓是不是還單獨活著？

$$+ \boxed{\substack{\text{問題四}\\\text{貓還獨活}}} (A\text{🐱} - B\text{✗🐱})$$

這個時候方程式就會坍縮到第四種情況：

其他種狀態都消失了，這時候只要打個電話，把問題告訴火星上的人，對方知道後在對方程式做一個小改動，把減號改成加號，此時狗的量子狀態就傳送到了貓身上。

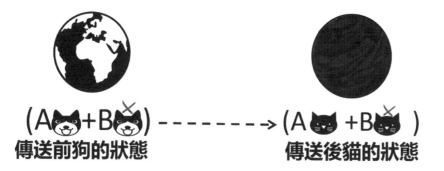

傳送前狗的狀態　　　　　　傳送後貓的狀態

或許有人會質疑說，有電話為什麼不直接說還要傳送，因為這時候我們還需要回答兩個問題，第一、這樣是不是可以實現超光速傳遞訊息呢？

答案是不行的，因為還要打電話過去，才能讓火星人才能解讀量子訊息，所以這種技術目前就不是用來超光速傳遞訊息的。

第二、這樣是不是可以複製量子訊息呢？

答案是也不行，我們把貓狗糾纏在一起，在問問題的過程當

中，狗的量子訊息就完全消除了，傳遞到火星貓身上，所以也不存在複製，只能是剪下貼上。

我們現在做量子通信實驗的目的，也不是說要直接傳送人或是打電話，而是先把量子信息實現傳遞再說，比如這次的諾貝爾物理學獎第三位得主柴林格和同事，利用量子糾纏展示用這種方法創造了跨越144公里的量子糾纏態，即將量子態從一個粒子轉移到另一個粒子。其團隊還在量子通信等方面有諸多研究進展。其中一項重要成果就是，2017年中國與奧地利科學家借助中國的「墨子號」量子衛星，成功實施世界首次量子保密的洲際視頻通話。這也是為什麼諾貝爾物理學獎評委托爾斯‧漢斯‧漢森在現場解讀獲獎成果時，展示了一張含有中國量子衛星的圖片，其上顯示了中國和歐洲之間的洲際量子通信實驗。

How to 應用

10

大衛霍金斯能量圖表

★ ★ ★

一個人的能量層級決定了這個人一生的一切！

量子物理學證明我們的世界，是我們的意識所顯化出來的「虛擬實境」，我們的世界是我們的意識的 5D 全息投影，所以你我等萬物也不過是的能量場的顯現。科學早已揭示出，宇宙間萬物的本質是能量，宇宙中的一切都靠能量的轉變而運作。美國著名大衛・霍金斯博士與諾貝爾物理學獎獲得者合作，運用人體運動學的基本原理，結合使用精密的物理學儀器，經過近三十年長期的臨床實驗，累積幾百萬筆資料，發現人類各種不同的意識層次都有其相對應的能量振動頻率物理學指數。人的生命體會隨著精神狀況（意識）的不同而有能量強弱的起伏，霍金斯博士運用現代科學的研究方法，發現了存在於我們這個世界的隱藏的人類意識圖表。一個有關人類所有意識的能級水準的圖表。相信這會令你大吃一驚。根據這個圖表，可以把人類的意識映射到 1 ～ 1000 的頻率標度值範圍，一共劃分為 17 個能級。

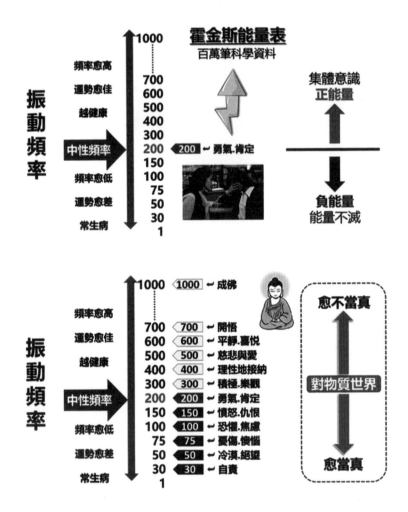

172

Plus
11

DNA幻影效應

★　★　★

　　二十世紀是科學革命與發現的時代。1993年到2000年間的一連串實驗，證實宇宙間存在著一個基礎能量場。在下列實驗發表之前，大家相信世間兩個「東西」一旦完全分離，就無法影響彼此，之間也沒有連結。但就在上個世紀末，一切都改變了。人類DNA直接影響物質世界，俄羅斯量子生物學家弗拉迪米爾‧琶普寧和彼得‧卡里耶夫設計了一個前所未有的實驗，用來測試DNA在光子（組成這個世界的量子材料）中的表現。首先，他們用泵浦抽盡特殊試管中的所有空氣，創造出所謂的完全真空環境。通常真空就表示容器內空無一物不存在任何東西，不過科學家知道，就算把空氣抽盡，裡面還是有東西存在，也就是光子。科學家們可以運用精確製造的設備檢測到光子在試管中所處的具體位置。實驗結果發現，光子是以完全隨機的方式散布在試管中。接下來，科學家他們把人類DNA的樣本放進了試管中。結果出現了令人意外的發現，科學家觀察到當DNA的樣本放進了試管中時，光子的狀態不如之前所

見的隨機分布，而是在DNA生命物質存在的情況下，進行了有規則的重新排列，很顯然DNA對光子造成了直接影響，彷彿透過某種神祕隱形力量將光子它們規則排列。但在正統的物理學裡並沒有任何定律能解釋這一效應。再接下來，科學家他們又把DNA從試管中移了出去，結果又發生了一個驚人的現象，那就是試管中的光子仍然有序地排列著，彷彿DNA仍在試管中一樣。俄羅斯量子生物學家琶普寧對此描述說：「光子出現了驚人且違背常理」的表現。在試驗結束後，科學家他們對此進行了討論——當DNA被移除後，到底是什麼影響了光子？還是DNA殘留的什麼東西影響了光子的表現嗎？又或是DNA和光子雖然在實質上已經分離，不再處於同一試管中，但是否某種程度仍然互相連結，只是我們看不見？最後，他們在研究結論中寫到：「不得不接受這樣一個實驗前提，即有某種新的場域結構存在」。

由於這個效應與生命體直接相關，這個現象被命名為「DNA幻影效應」。琶普寧的新場域結構，和普朗克於五十年前提出的「母體」概念（普朗克，量子物理學的開創者和奠基人。普朗克1944年提出：「所有物質都由一種力量孕育並維繫著它們的存在……我們必得假設，在這個力量背後存在著一個具有意識及智能的心智，這個心智是所有物質的母體。」），以及古老傳承中的效應，驚人相似。而DNA幻影效應這個實驗向我們清晰地展示了DNA和構成我們這個世界的能量之間的關係，也證實了我們對這個世界具有直

接的影響力。儘管我們可以從這個實驗中得出許多結果，但以下的三點最為關鍵：

1 · 有一種我們之前從未了解的能量存在。

2 · 細胞DNA能通過上述能量形式影響物質。

3 · DNA影響光子排列示現出我們的世界

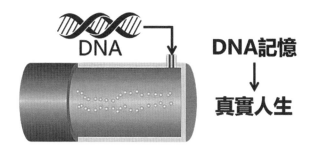

DNA的意識能量 → 讓 光子開始呈現有秩序地排列

　　這些實驗對我們與世界的關係又有什麼意義呢？就世俗的觀點看來，我們從來不會認為自己身體內的生命物質會對外在的世界有任何作用。而且也從來不認為人類的情緒會對人體內的DNA有什麼影響，更何況是相隔幾百公里遠的地方。在實驗中，琶普寧向我們展示了，人類的DNA對光波具有直接的影響。不論DNA與我們同在一室或相距千里，始終與我們相連，影響力不變。而人類情緒對DNA有直接作用。基於以上實驗，告訴我們人類對身體和世界具有影響力。

　　由上述實驗得到兩個相似的結論：

1. 所有物質都由一種力量孕育並維繫著它們的存在，在這個力量的背後存在具有意識和智能的心智，這個心智就是所有物質的母體，這個能量母體連結著宇宙間的萬物。

2. 人體內的DNA使我們得以運用連結宇宙的能量，而情緒是汲取此能量場的關鍵。

此外，這些實驗也告訴我們，與此能量場的連結，就是我們存在的本質，假使能了解它的運作，以及彼此的連結方式，就能擁有將此能量場運用到生命中的一切所需。我們是連接萬物的創造者，我們的言行舉止都參與到了瞬息萬變的世界之中，無論是喜怒哀樂還是悲傷憂愁，這些情感都會被不斷地擴散到這個「母體」中，並對這個世界產生微妙而又重大的影響。我們不僅是這個世界的觀察者，也是這個世界的創造者。

Plus

12

我們的世界，是意識連結所幻化出來的

★ ★ ★

　　俄羅斯的生物學家已經透過科學實驗證明我們的世界是由意識連結所幻化出來的，從古到今、從地球到宇宙、從無到有已經有許多資料告訴我們這個「我們的世界是我們自己創造的」這個事實。

量子物理學

　　我們的世界，是我們的意識所顯化出來的「虛擬實境」，我們

177

的世界是我們的意識的5D全息投影。

俄羅斯量子生物學家弗拉迪米爾・琶普寧和彼得・卡里耶夫已經透過實驗證明，DNA會改變光子的結構投射出你的人生，你上輩子如果是常常被欺負，那麼下輩子一樣會被欺負、這輩子對不孝順的人有強烈憎恨的心，下輩子投射出來的生命就會碰到這種人，一個人做事失敗不斷地檢討自己，以為是最好的方式，殊不知你正在把失敗的經驗寫入你DNA的記憶裡，再下一次投胎成為人的時候，會再次投射演出相同的劇情，有的人做人非常的自私，很有可能是前世做很多事情都要得到回報的劇情，於是把那樣的結果寫入DNA，造成這一輩子做人非常的自私。

所以所謂的因果，不是我們從小到大接受教育想的那樣，比如「好人有好報」、「不是不報是時候未到」、「越孝順越好運」、「這輩子被他打是因為上輩子我欺負他」等等。殘酷的事實是：這輩子你被他欺負，代表著你已經被他欺負好幾輩子了，所謂的「輪迴」，就是一樣的事情重複的發生才叫輪迴，那麼事實是如此豈不是一直會被欺負下去，其實如果你懂得其中的道理，自然就會知道怎麼去解決這類事情重複發生。

「不解釋」是最好解決輪迴不斷發生最好方法之一，例如被朋友騙了錢，你不需要檢討自己為什麼會做出借朋友錢這麼愚蠢的事情，也不需要到處去詢問朋友的意見，因為做這些事情都是不斷地往你的DNA加資料，這樣子會讓你下輩子繼續被騙錢，所謂的

不解釋，就是理性接受這個事實，並且透過慈悲祈禱和清淨度化來處理這件事情即可，這樣「被騙錢」的劇情就不會重複的寫入你的DNA並投射出來，你下輩子的人生就不會有被騙錢的劇情，我知道這樣的理論對你的衝擊非常大，因為跟我們從小接受的教育不一樣，所以我們要做的只是「明白」這樣宇宙運行的規則，自然就可以改變你的命運，創造不同的人生。

⭐ 賽斯：信念創造實相

賽斯是位宇宙高靈，最早出現於一九六三年的美國紐約州，他以女詩人魯柏為媒介，透過通靈的方式，傳遞其思想。賽斯思想不是宗教，而是一個新觀念，希望幫助人認識自己、找到智慧、找到心安的力量、找到如何創造實相的方法，其根本要義就是「你創造你自己的實相」。賽斯：「你們的信念造成實相，你們每一個個別的信念和你們共同的信念。現在這些信念的強烈度是非常重要的。而且，如果你相信以非常簡單的說法，人們是善良的，而且會善待你，那麼他們就會是這樣的，而且如果你相信全世界都反對你，那麼你也會體驗到他們是這樣的對待你。並且，如果你相信你會在22歲時開始退化，那麼你就會。還有，如果你相信你是貧窮的，而且一直會貧窮下去，那麼你的經驗就會如實的證明給你看。當你照鏡子時，你的信念與你碰面，它們形成你的形象。你逃不開你的信

念，無論如何，它們是你創造出你的經驗的一種方法。」

★ 量子力學與外星高靈

我們以為真實存在的世界根本就不存在，真實存在的世界是我們想出來的。

所謂的「高靈」組成分子有點複雜，包括從來不曾擁有肉身的天使、神智學系統的揚昇大師、高次元的外星人或能量體，甚至每個靈魂的「高我」等等。高靈們在此時密集出現，據說是為了幫助地球進化，邁向第五次元。

★ 巴夏：不是信念創造實相，而是意識顯化實相

巴夏自稱來自愛莎莎尼星球（Planet Essassani）的第五維度，他與地球人達瑞爾・安卡（Darryl Anka）「通靈」是為了要提升地球人的維度，讓地球人從三維走向四維。巴夏與安卡的互動是為了分享某些地球上存在但並未被普遍接受的觀點，這些觀點有機會使你在內部進一步了解自己，反映一些你已經知道的訊息與想法，雖然這些資訊多半沒有被地球文明所認同。巴夏的訊息傳遞具有互動性，能夠回答各種問題，涵蓋人類所知的一切，包括有靈性、行星發展、形而上學和地外生命（外星生命）。

物質實相是一種鏡像，是個體存在狀態和意識狀態之間的反射，沒有什麼是存在於「你」之外的。與其說「你」存在於物質實相之中，不如說是物質實相在存在於「你」之內，這個你的概念是指你的意識，這種意識是一種沒有時間、沒有空間的狀態，同時也不具有一個特定的具體形象。你選擇以一個特定的視角在「時空的領域」看待你自己，也就是一種從物質體驗的經驗裡中選擇特定維度的視角去感受各種經歷。雖然這些維度裡的時間與空間都是幻象，但你仍然在意識中藉由這種幻象所帶來的效果，感受著這個維度中的體驗。

從某種意義上說，你的生命體驗是處在一個被物質化的狀態，在這個維度、世界裡，靈性的本質，也就是非物質本質的高頻率能量會被降低，在經過具體化後進入體驗。意識會一直持續存在，物質實相相比自由的意識來說，更像是真實之中的其中一部分。用巴夏的給出的概念來說，這種體驗方法是一種選擇，一種將世界視為意識之外的獨立狀態，但如果要讓自己有更多的機會去選擇和經驗想要的物質實相、進入能與自己的真實振動更一致的狀態，就必須要先記得一件事：以鏡像（Reflection）的方式去看待與經驗物質實相，就像是在看玻璃鏡子裡的鏡像那樣看待。當看到玻璃鏡子中的映像時，大家都會明白自己不是真的在鏡子裡，要改變鏡中的映像，不會是對著鏡像下功夫。必須改變自己，才能看到鏡像中的改變，物質實相在巴夏的概念中就是那個虛假的鏡像，是整體中映照

內捲漩渦

量子糾纏

NFT & NFR

外在的鏡子。

如果希望看到物質實相的鏡像出現改變，就必須從改變內在實相開始，因為內在實相才是一種真實，只有從意識、能量振動與存在狀態上去努力，才能帶來改變。

當我們想要體驗某種生活方式，就會進入那樣的實相體驗，每個人都會有非物質形態的高我，高我的概念就像是圍繞著鏡面的球體，人的物質實相是存在狀態和意識狀態的反射，而球體內部的反射鏡面反射「信以為真」的信念，這些信念會被鏡子反射到球體上，並經過二次反射，回到物質型態的生活中。如果它看起來不是遠不止一個想法，那麼，你就不可能體驗到物質的實相，只會認為那是個幻覺，這正是人們目前所學的，這是可以學習如何運用的有用知識。但首先是你，為了自己而發明創造了它，並且使之能夠在體驗過程中，像是真實不虛，這樣，你就可以擁有一個物質體驗，並且，在體驗的過程中，不會被知道你創造了它這樣的心念所干擾。

⭐ 佛法

一切為心造，萬法由心生，一切能見到或不能見到的事物現象，都是由因果產生，「空」是事物的本質。

一個人的命運並非是天生註定，未來與現在的狀態是由過往的

經歷及心境所造就，日常所見的事物和經歷過的事情或許只是一種假象，心態才是決定一個人如何看待事物的關鍵。佛曾經說過，凡所有相，皆是虛妄。意思就是平時所見並不一定為真，一切皆有可能是虛妄的，甚至並不存在的。虛妄的概念可以用夢境去解釋，夢境並不存在於現實生活中，但在做夢的過程裡，不論發生了多麼讓人難以置信的事情，你在當下都會覺得是合理的。夢醒之後，不能否認夢的存在，但又無法直接相信夢中發生的事情，這就是虛妄。

★ 心經

照見五蘊皆空，度一切苦厄。

「五蘊」是指我們生命的：色、受、想、行、識。「蘊」就是蘊藏、積聚的意思。色、受、想、行、識，也就是五陰，會用外在的感受把真實遮蔽起來，遮蔽之後我們會認為這些是真實的，這樣的真實就是身見我執，也就是將五蘊感受到的東西當成是自己真正的意識，去強加一個無用的思想與執念。執著於五蘊帶來的幻相時，就會有貪戀、會創造因果業報，因為此時的一切都會為身體的欲望服務，由此生起了一個很強的「我執」。眾生常常會被五蘊所迷惑，認為我們的身心是真實的。但觀世音菩薩用祂的經驗告訴我們：色、受、想、行、識都是空的，都是緣起法，叫緣起無自性。緣起無自性，當體不可得。

183

 **金剛經**

凡所有相皆是虛妄，若見諸相非相，即見如來。

意思是說，凡所有從表相所見的，眼睛所看見的、耳朵所聽到的，都是不真實的，外觀所見的一切男、女、高、矮、胖、瘦……等諸相，都是不同於如來之相的虛假樣貌，如來之相也就是一種帶有佛性的狀態。除了如來之相外，所有一切的相貌，都是因緣而生，只要不去執著這種浮於感官的樣貌，就能生起智慧。一切諸相都是虛妄，不是真實相，只是一種現象。所有緣生緣滅的過程中，因為因緣的湊合而有了現象，這種現象的自性、本性是空無虛妄的，甚至可以說沒有自性這樣的概念存在。一旦新的因緣產生，現象就會產生變化，因為會有各種變化，所以就將這種沒有真實的外相稱為虛妄相。這是一切事物的真理。當知道一切都不是真實的，就不該受到困擾而產生執著與煩惱，沒有執著與煩惱，智慧就會出現。從佛教的角度來講，所有從表相所見的，眼睛所見、耳朵所聽、鼻子所聞、舌頭所嚐都不是真的，而是虛妄的假象。伸手見掌、眼見為實，但我們容易被感官所矇騙。

明心見性的表現就是認知到「凡所有相，皆是虛妄」。我們的手掌是色身的一部分，但那是千變萬化的虛妄之相，只是五蘊由映射而成，如果人在諸相上執著、計較，就會造成很多不必要的煩惱。

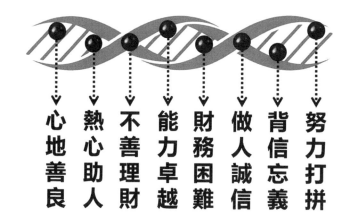

心地善良　熱心助人　不善理財　能力卓越　財務困難　做人誠信　背信忘義　努力打拼

　　你會過著什麼樣的生活，都是由DNA裡的資料顯化出來的，有一句話叫做「命運定調的軌道」，這能夠說明一切。你在過去幾世中寫進DNA的資料都會顯化出來並在這一輩子實現，就如同一台DVD透過電視機在播放著你前輩子的劇情。所以當人生不如意的時候，應該要對DNA裡的資料庫做修改，而不是換一台電視機。電視機正在播放大爛片，於是你把電視機換成三星最高級的智慧型電視，但電源一打開，電視裡依然在播放一樣的大爛片，問題在於電視後面的DVD播放影片，換掉裡面的光碟片比換掉電視機更能解決問題。

　　人生就是如此，如果不滿意人生的劇情或是現在的成就，就應該要改變意識資料庫裡面的資料，而不是去做心理諮商輔導，或是去上一些心靈成長或是成功學相關的課程，這樣做只是本末倒置。

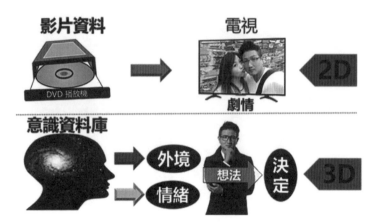

Plus
13

多重實相空間與成就人生
（波函數為坍塌）

★ ★ ★

多世界詮釋（英語：the many-worlds interpretation，縮寫作 MWI）是量子力學詮釋的一種，是一種假定有無數個平行世界存在的概念，以此解釋微觀世界的各種現象，並對量子論進行詮釋，這樣的詮釋有著不必考慮波函數塌縮的優點。這個理論也被稱為相對狀態提法、艾弗雷特詮釋、普遍的波函數、多宇宙詮釋或多世界理論。在許多創作中，多重宇宙的概念一直被用於其中，主角穿越到其它平行時空中，發現各種與原世界不同的可能，並在平行世界裡撫平過去的遺憾，經典作品包括《瑞克與莫蒂》和《奇異博士2：失控多重宇宙》等。

目前的現實世界中沒有這種用平行世界處理遺憾的機會，目之所及的世界就只有一個，沒有穿越或是重來的可能性，使得相關的作品總是帶有一種幻想的氛圍，但這些作品其實不如想像中的這麼天馬行空，創作科幻作品確實需要想像力，這對於科學家來說，也

是重要的技能。打從二十世紀中期開始，正經的量子物理討論就開始有「多重宇宙」的說法出現，「多重宇宙」是量子現象詮釋的其中一種說法，物理學家們之所以提出這種看似與科學精神不沾邊的說法，主要原因還是因為量子物理所帶來的難題。

愛因斯坦曾說：「我不能相信，僅僅是因為看了牠一眼，一隻老鼠就使得宇宙發生劇烈的改變。」德克薩斯大學的布萊斯・德威特（Bryce S・DeWitt）表示：「我仍然清晰地記得，當我第一次遇到多世界概念時所受到的震動。100個略有缺陷的自我複製，都在不停地分裂成進一步的複製，而最後面目全非，這個想法是很難符合常識的。」

在量子時代之前，物理學家習慣用兩種方法去解釋這個世界的一切，這兩種概念就是「古典力學」與「電磁學」。古典力學與電磁學把世間分成「粒子」與「波動」、「物質」與「能量」兩種不同的問題來解釋，古典力學是牛頓運動定律的進階版，解釋了具有質量的粒子（物質）如何運動，電磁學則是一切電磁波相關技術的基礎，解釋了不具質量的能量如何在空間中以波動傳遞，彼此井水不犯洪水，分別近乎完美地解釋所有日常生活中常見的現象，然而，有一個現象在深入研究之後，卻出現了矛盾，這個現象就是前文所提過的雙狹縫實驗（Double-slit experiment）。雙狹縫實驗的詭異之處在於如果讓光束通過一條狹縫，會在後方的螢幕映照出中間較亮，兩側較暗的圖樣。奇妙的是，如果將實驗改成兩條狹縫，

螢幕上的圖案並不會等於兩個單狹縫的圖案相加，而是會變成亮暗間隔的條紋。這種圖案只會因為波動而產生，因為波峰和波谷會互相抵消，因此產生較暗的部分。雙狹縫實驗證據了光是波動，屬於「電磁學」的研究範疇，後續的推導也證明光有波動的特性。

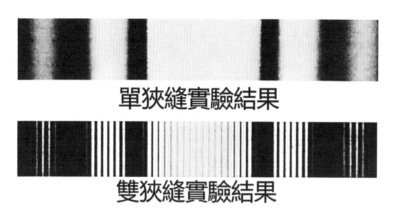

單狹縫實驗結果

雙狹縫實驗結果

　　本來實驗到這裡好像已經解決了問題，但後來有人用單一光子打入雙狹縫之中，卻也得到了跟一束光進入雙狹縫時相似的結果。

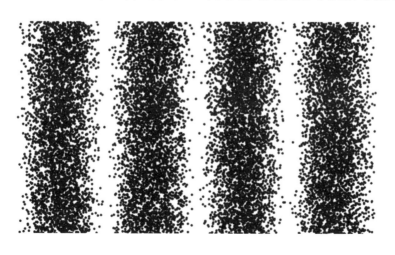

　　這個結果又將問題繞了回來，光子的運動在雙狹縫實驗時跟光一樣要用波動才能解釋，這個結果無法用傳統物理學的「粒子與波動」二分法去解釋，為了解決問題，物理學家們開始用「波動力學」來解釋雙狹縫的實驗，這個理論就是薛丁格方程式（Schrödinger equation）。「波動力學」將所有物體都視為「一小段波動」，而薛丁格方程研究量子系統的波函數會如何隨著時間演化與改變。原本的粒子會變成一塊一塊的「波包」，在空間中根據薛丁格方程式的規則，在時間的變化下移動。

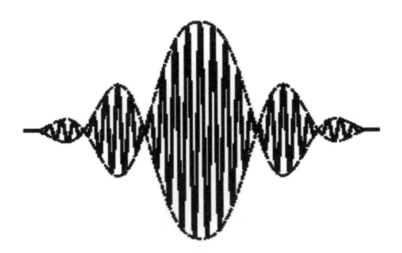

　　這些「波包」能夠解釋粒子在穿過雙狹縫後如何互相干涉，形成亮暗相隔的條紋。但沒有人能看到波函數（波包），觀測時只能看到一顆顆的電子通過狹縫撞在螢幕上。雖然薛丁格方程式的運算結果符合實驗結果，但符合的原因不明，波函數（波包）在其中的意義也沒有一個合理的解釋。

一直到哥本哈根提出波函數的意義時，所有人才恍然大悟：原來波函數不是一個實體的概念，而是物體的機率分布。為了解釋這個問題，海森堡有一群人提出的「哥本哈根詮釋」，他們帶入波函數代表物體出現位置的機率分布這個概念，並加入薛丁格方程式中機率分布如何隨時間改變的公式。 也就是當我們介入觀察，波函數便會依照這個機率分布隨機地塌縮至一個特定的值，這個值就是我們所觀察到的物理量。以雙狹縫來說，穿過狹縫後的波函數產生了波動會有的干涉現象。後方的螢幕讓波函數塌縮，因此出現了一個確切的光點。至於光點會出現在哪裡，完全是機率性的，機率多寡由波函數主掌。在波峰和波谷抵消的地方，機率很小，幾乎不會有光點出現；反之亦然。下圖可以看到個別粒子的位置看似隨機，但隨著實驗的粒子數增加，波函數的機率分布開始浮現。

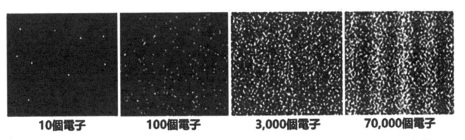

當越來越多電子經過雙狹縫後，所形成的圖形，就是由波函數的機率分布決定的

多重宇宙在我們的生活中如何發生，可以用相對生活化的例子去解釋：假設你今天起床準備要去上班，但由於前一晚比較晚睡而有點爬不起來，此時你的心裡會產生跟公司請假，繼續睡覺的念

頭，但你最後並沒有這麼做。當有一個念頭產生的時候，其實就已經創造了另外一個宇宙，那個宇宙中的你跟公司打電話請假在家，但這個宇宙中的你乖乖搭捷運去上班。路途中你想要買個早餐，在買三明治或飯糰的選擇中選定購買了三明治，此時，另一個購買飯糰的宇宙就此誕生。當你到了公司並開完晨會之後，必須離開公司去見客戶，但因為還處於沒睡飽的狀態，於是你又產生了偷偷回家睡覺不去見客戶的想法，在看了看業績表之後，你覺得與客戶見面是很重要的，於是你打起精神去拜訪客戶。另一個宇宙中的你，在起心動念的當下，你回家偷偷睡覺場景的宇宙就已經誕生了，因為工作結束下班後就直接回家睡覺了，於是就忘記了晚上跟女友的約會，女友打電話來質問，於是你們在大吵了一架之後決定分手，在第一個的世界裡你們的確已經分手了，但在分手的當下，你想到之前答應過女友要照顧她一輩子，心裡暗自後悔沒做到答應過的事情，另外一個宇宙裡，你卻沒有跟你的女朋友分手，而是克服了種種難關，幸福快樂地過著神仙眷侶般的一生。

　　這個故事要表達的概念非常簡單：當你在生活中興起了某種想法，就會使另一個宇宙產生，所以多重宇宙是一個浩大且無窮無盡的世界觀，可能會有人覺得這種觀點非常荒誕，但在量子力學裡就是如此，或許因為多重宇宙的概念存在，某些痛苦與悲傷就可以得到一些慰藉。

Plus 14

集體潛意識 & 共同意識資料庫

★ ★ ★

科學證明我們的世界是由意識所顯化出來的「虛擬實境」，這個世界是人類意識的 5D 全息投影，虛擬實境通常會擁有一個超大的總資料庫，裡面記載全人類古到今、活人死人地共同資料，在坊間，有幾種對於這個總資料庫的說法，接下來我們來一一探究。

⭐ 集體潛意識

在最早的心理學領域中，有著將心理學的概念科學化的三位重要人物，分別是佛洛伊德、阿德勒與榮格，其中，榮格是最早提出集體潛意識概念的人。集體潛意識，指的是人格結構中最底層、不被察覺的無意識區域，這個區域包含了祖先、世世代代的群體活動方式，這是個存在於人腦中的記憶與經

驗庫遺傳痕跡。集體無意識和個人無意識的差別在於共享性，無意識不是被遺忘的部分，而是我們一直沒有意識到的精神深層區域。榮格認為，集體潛意識是從一切有關於個人的部分裡沉澱下來、成為全體相通的一部分，這是一種全人類普遍所具有的意識狀態，因此從任何一個人身上都能夠找到集體潛意識的影子。

心理學三大宗師

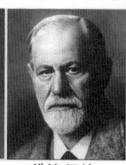
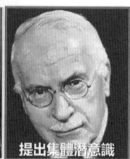

| 阿德勒 | 佛洛伊德 | 榮格（提出集體潛意識） |

榮格將人類的心靈結構分成三個層次：意識、個人潛意識和集體潛意識。以海島來形容這三個層次的話，「意識」是最表層的一部分，就像是海島高出海面的部分，能夠輕易地被覺察並進行管理；「個人潛意識」是水面下平常看不到的部分，會隨著潮汐流動而顯露，個人潛意識像淺海區的沙地一樣，有時也會浮出水面，進入意識的範圍中。而「集體潛意識」則是隱藏在深海下的海床，將所有孤島的底層連接起來，孤島是每個人各自擁有的個人意識，而海床則是存在於個人意識之下無法察覺的人類共性，集體潛意識的

來自個人意識的沉澱，隨著時間與歷史的流逝，單一個體的某些資訊會被傳承，成為全人類共用的隱藏資訊。

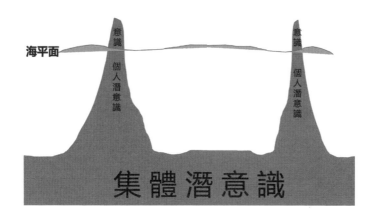

卡爾・榮格（Carl Jung）是精神分析心理學派的心理學之一，他的學說和佛教有許多相似之處。榮格深受印度、西藏及漢傳佛教的觀念影響，他將佛教的觀念帶進心理學的領域，拓展出精神分析學派中重要的一個分支，佛教對於榮格的影響主要是在「意識」的理論部分上：

意識的作用不僅止於藉著感官辨識外在，更重要的是將這些訊息轉換成我們內心世界有形的現實，這個過程就是佛教中的五蘊。「色」是接觸外界，藉著眼、耳、鼻、舌、身、意的功能讓我們感知這個世界的色、聲、香、味、觸；「受」就是感受，「色」與「受」告訴我們有東西存在，但不會去分析那是什麼東西，必須要經過「想、行、識」等過程後，才能產生出對一樣事物的辨識及認知。佛教的「色、受、想、行、識」所對應的心理學概念為「統

覺」，舉例來說，當你聽到從暖氣的熱水管中冒著氣泡的聲音，必須要經過「想」這個步驟才能讓你分辨出聲音來源，「想」是第六識的辨別功能，第六識告訴你接觸到的是什麼東西，你認為這個噪音是「特殊的」，那就是你對一樣事物的「感覺」。心理學上的統覺是多種心理狀態互相合作形成的，以佛教來說，就是指意識是經由眼、耳、鼻、舌、身、意所形成，透過視覺、聽覺、嗅覺、味覺和觸覺，就會產生看法、聽法、聞法、吃法、作法和想法，並在比較與對比之後，形成每個人的個體認知，這種認知在佛家被稱為第七識「末那識」，又稱為「自我意識」。佛教第六識「意識」的作用是識別，第七識「末那識」的作用是思量。末那識的主要特質是執著於第八識「阿賴耶識」，也就是自我。榮格所說的「意識」其實包含了佛教五識「眼識、耳識、鼻識、舌識、身識」、第六識「意識」與第七識「末那識」的作用。

「當一個人反思意識到底是什麼，他會為此深深感到驚訝。一件發生在外在宇宙的事情，同時在內在產生一個影像，也就是說內心裡，變成意識。」

〜榮格

⭐ 共同意識資料庫（阿卡夏紀錄）

　　阿卡夏紀錄，又叫做阿卡西紀錄、阿克夏紀錄或者宇宙本源。「阿卡夏」一詞是由梵語 akasha 音譯而來，意思是「天空覆蓋之下」、「空間」或者是「以太」。阿卡夏紀錄是一種未知型態訊息的集合體，被編碼儲存在以太中，簡單來說，這是一種非物理層次的存在。這樣的觀念流行於西方晚期的新紀元運動中，提出者認為阿卡夏紀錄是儲存宇宙所有資訊的資料庫中心。

　　共同意識資料庫是全像投影式的格式運作模式，存在於所有人的潛意識裡，任何向意識深處探索的人都可以發現這個龐大的資料庫，連上這個資料庫的人都可以開採、探索和讀取任何資訊，甚至還可以從共同意識資料庫「下載」某種能力到個人意識資料庫（個人潛意識）裡。根據上述的理論，天才可以在很短的時間裡掌握他人需要花一輩子才能理解的技術，這種人一般被稱為天賦型人才，但用阿卡夏的概念去解釋，天賦型人才其實就只是在過去幾世內已經經過了長久的練習，將特定的技能寫入了 DNA（個人意識資料庫）中，然後在這輩子共振（提取）出來而已。共同意識資料庫裡有所有的資料，包含能夠在事業財富上幫助你的貴人名單等，阿卡夏紀錄就像是有求必應的百寶袋，想要什麼東西就會有什麼，只要了解使用方法，就可以下載任何想要的資料，想要學會彈鋼琴，可以先去共同意識資料庫裡下載周杰倫在音樂上的專業能力；想要學

內捲漩渦

量子糾纏

NFT & NFR

會繪畫，可以先去阿卡夏紀錄裡開採莫內在繪畫上的優秀造詣，因為在這個龐大的共同意識資料庫裡，你可以和任何人共用資訊。

有人會說：「那就一直下載資料就好啦？這樣我就會變得博學多聞、跟達文西一樣十項全能？」這樣的做法理論上是可行的，但需要把自己的生活調整成「探索模式」，減少重複的行為或思維，用簡單的方式去描述，就是有意識地去拓展舒適圈的範圍。重複就是重播已經存在的經驗、重跑已有的大腦迴路，不需要用到新的資料。所以如果想要一直提升、一直成長，讓新資料一直源源不絕地加入個人的資料庫中，那就需要持續地「探索未知」、大膽嘗試過往沒有體驗過的人事物，如果你的生活具有適當的挑戰性，身心就能夠投入當下，隨時與阿卡夏紀錄連線，下載各式各樣的資料，那麼你的成長速度自然會遠遠地超越一般人。這是為什麼有的人會永遠有用不完的靈感，因為當他覺察到重複的思維模式或行為體驗時，他就會去突破，打破習慣性思維的過程會讓他發現新鮮事，不斷下載新資料到個人的資料庫裡。

NFT&NFR

NFT（Non-Fungible Token）是指非同質化代幣。是一種虛擬資產，透過加密形式把特定資訊放到區塊鏈，以代表物件的擁有權，每個代幣可以代表一個獨特的數位資料，像是圖片、音檔、影片……等任何數位形式的創意作品。

NFR（Non-Fungible Rights）即非同質化權益，是「NFT 中國化」的一種有益嘗試。與突出「代幣」屬性的 NFT 不同，NFR 更強調「權益」功能，且同樣基於區塊鏈技術，具有非同質化特性，獨一無二、不可篡改、不可替代，是一種多領域數位化交易新模式。

NFT&NFR

虛擬世界的資產證明

1

NFT 和 NFR

★ ★ ★

　　NFT 和 NFR 是兩種不同的概念，雖然它們都是非同質化的資產，但它們所描述的內容和應用場景不同。

❖ 什麼是 NFT

　　NFT，全稱非同質化代幣（Non-Fungible Token），是一種應用區塊鏈技術的加密貨幣，每個代幣都具有唯一性，不像其他加密貨幣可以互換，NFT 的核心是通過區塊鏈技術實現代幣的獨特性，確保其真實性和不可替代。NFT 的應用非常廣泛，主要用於代表數字內容的所有權，例如：藝術品、音樂、影片、遊戲物品等，這些內容可以被創作者透過區塊鏈技術轉化為唯一的 NFT 代幣，從而保護作品的所有權和價值，並提供交易和轉讓的管道。以藝術品為例，一幅藝術品的價值是由它的稀有性、歷史價值、作者等多方面因素決定的，NFT 的出現為藝術家和收藏家提供了一種全新的方式

來保護和交易藝術品。通過將藝術品轉換為唯一的NFT代幣，藝術家可以確保自己作品的真實性和所有權，輕鬆地進行交易和轉讓，讓更多的人能夠欣賞和收藏這些珍貴的藝術品。除了藝術品之外，NFT還可以應用於音樂、影片、遊戲等領域。音樂家可以通過發行NFT來出售他們的音樂作品，還可以提供獨家特別福利，如簽名海報、獨家影片等；對遊戲愛好者來說，NFT還可以用來代表他們在遊戲中擁有的虛擬物品和資產，如遊戲裝備、皮膚（skin）或特殊技能等。

總體來說，NFT的出現為加密貨幣的應用帶來了新的可能性，同時也為創作者和收藏家提供了一種全新的方式來保護和交易他們珍貴的數字內容。隨著區塊鏈技術的不斷發展和普及，NFT技術的應用領域會變得更加廣泛和多元化，帶來更多的商業機會和價值。不過NFT市場還存在著一些風險和挑戰，如市場泡沫化、詐騙等問題，需要大眾和相關機構加強監管和進行風險防範，隨著NFT技術的不斷發展和完善，我們可以期待更多的有趣和實用的應用場景出現，讓我們拭目以待。

什麼是NFR

NFR，全稱Non-Fungible Rights，是一種非同質化的權利，通常用於描述智慧財產權，例如：專利、商標、著作權等。與NFT

相似，NFR的特點是每個權利都是唯一的，不同於其他同類型的權利，這種唯一性和不可替代性使得NFR成為維護和保護智慧財產權的重要手段。與NFT不同的是，NFR通常用於描述權利範圍，而不是具體的物品或內容。這意味著NFR可以用於描述智慧財產權的權利範圍、擁有人、使用權限、轉讓等方面。例如：在專利領域，NFR可以用於描述專利權的範圍和維護，確保專利權的擁有人能夠合法地獲得收益和保護，NFR也可以用於描述著作權和商標權等其他形式的智慧財產權。在這些場景下，NFR可以幫助權利擁有人，確保其權利被尊重和保護。例如：一個擁有商標權的企業可以通過NFR確保其商標在不同的國家和地區的使用權限，防止他人未經授權使用其商標，從而保護其品牌價值和商業利益。NFR也可以被用於管理數字內容的權利。例如：一個音樂製作人可以使用NFR來管理他們的版權和音樂使用權限，以保護他們的利益並在數字市場中獲得更多的收益。

總體來說，NFR是一種非同質化的權利，用於描述智慧財產權和數字內容的權利範圍和條件。NFR的唯一性和不可替代性使得它成為保護和維護智慧財產權的重要工具。隨著數位內容的增加和智慧財產權的價值不斷提高，我們可以期待NFR在這些領域的應用和發展。

🎯 NFR 與 NFT 的相同點

1️⃣ 都具有非同質化的特性

非同質化，就是指儲存在鏈上的資料是獨一無二、不能分割的，都是完整、獨立的個體。

2️⃣ 都使用區塊鏈技術

NFR 和 NFT 一樣，具備區塊鏈的優勢，資料可溯源、公開透明、不可竄改，所有交易記錄都在時間戳上，並能夠證明其所有權，就算作品被複製、貼上進而在網路上大肆傳播，作品權屬誰也不會改變。

🎯 NFR 的創新性變化

1️⃣ 本質變化

NFT 突出「代幣」屬性，而 NFR 強調「權益」功能，與 NFT 數字代幣的本質不同，NFR 是數字藝術品，不使用任何代幣，有完善的法律監管框架和認證機制，能有效保障投資者權益。

2️⃣ 經濟模型改變

NFT 藝術品的資產是存在網路上的，大家的關注重點是網路上

內捲漩渦

量子糾纏

N
F
T
&
N
F
R

的虛擬資產。而NFR不同，它建立了數字憑證模型，要上鏈的產品交由第三方評估、測試、認證之後，以數字憑證的形式進行公平公開的交易，關注重點回歸實體資產，就算數字憑證丟失也不會影響實體作品。

⭐ NFR系統特性

1. 使用多鏈系統，不同鏈維持不同數據，並且和自律組織或是監管單位連接。
2. 使用互鏈網，數據加密再分片，大大增強破解難度。
3. 使用區塊鏈數據庫的雙鎖定的協議，數據加密存在兩個以上的區塊鏈系統內，保障數據不能被竄改。
4. 採用數字憑證模型，而不是數字貨幣模型，物理資產仍然留在物理空間，但是數字憑證存在互鏈網系統上。數字憑證包含擁有者的數位身份證，數字憑證就算被他人取去也無法買賣，因為即使成交，智能合約也會自動轉帳給資產合法擁有者而非盜賣者。

⭐ NFR參與系統包括

1. 客戶身份證認證中心

2. 數字藝術品發行單位

3. 數字藝術品認證中心

4. 數字藝術交易所

5. 相關區塊鏈系統

交易所可以是電商或是線下實體商店，或者兩者皆是。不同於 NFT，NFR 沒有任何數字代幣，沒有支付系統，因此沒有地下匯兌通道。其實這個和支付系統沒有必然的關係。在中國如果所有支付使用的是銀聯體系，自然就會受到相關單位監管，因此也就不存在任何問題。因此，NFR 交易系統在中國是完全合法的！

內捲漩渦

量子糾纏

NFT & NFR

虛擬世界的資產證明

2

NFT 發展史

★ ★ ★

　　雖然早期就有區塊鏈相關的概念釋出，但一直到2008年中本聰發表一種點對點的現金支付系統——比特幣，區塊鏈技術才真正被大眾看見，區塊鏈應用也在加密貨幣的熱議下，不斷推陳出新。

　　起初若想參與比特幣項目，就必須透過「挖礦」涉入，待比特幣有了價值並進入交易市場後，才又誕生交易所和場外交易，得以透過直接買幣來投入其中，2017年以太坊的出現，讓區塊鏈的應用更為多元，NFT也因為智能合約下誕生的產物《Crypto Kitties》才得以發光發熱。在當時，區塊鏈相關的軟硬體設備並不完善，NFT的商機只是曇花一現，被同時期更容易賺錢的ICO項目比了下去，因為即便是在以太坊的架構下運作，發幣成本仍很高昂，約莫要300至500萬

元，但只要打著ICO名號發幣，隨隨便便都能募資上百、上千萬，甚至還有機會能募到上億元，如果是你，還會選擇發行NFT嗎？

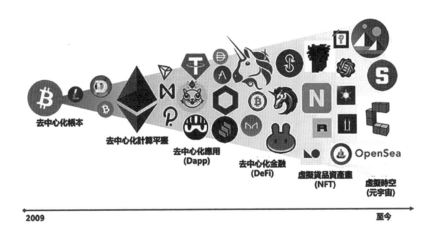

2021年被稱為NFT元年，在2021年前半年世人見證了這個小眾市場驚人的成長速度，也看到具有技術優勢、IP優勢、資金優勢、平台優勢的團隊、公司或機構逐步入局，包括自帶流量的交易所也紛紛布局NFT交易市場。

縱觀歷史演進，目前NFT項目的發展階段，產業布局和市場表現會走到何方，值得思考。元宇宙常稱為網路「次世代」，為現實世界和數位世界融合為一虛擬空間，可謂現實的另一個平行時空。從2008年比特幣帶出區塊鏈概念到2021年GameFi爆發帶出元宇宙世界為止，NFT的歷史具有很明顯的發展階段，到了現在NFT的產業格局因為基礎設施層還有很大的鑄造空間所以顯得不夠廣大。

NFT的蓬勃發展主要體現在中間協議層，其中又以藝術/收藏的鑄造為主流；應用層的發展較不平衡，比如NFT資料領域還未出現全面的資料提供商。但隨著越來越多的目光聚焦在NFT，其產業版圖將會以更快的節奏去擴張。

網路的一切都可以透過下載得到出無數複製檔案，你看似擁有很多數位資產，但其實不曾擁有過這份資產的法定所有權，NFT製造出一種人為的稀缺，並經由這種稀缺性去創造價值，因為它可以利用區塊鏈技術去明確區分資產的所有權歸屬，實現永久保存且獨一無二的特性。

NFT的概念是在2017年時正式提出的，並在2021年前後進入快速擴張期，此時的交易量和交易額迅速提高，達到28.42億美元，因此被稱為NFT元年。

如果將NFT從前發展期到擴張時期去分段，大概會分成四個階段：

1 種子期（1993-2015）

NFT的概念最早源於Hal Finney在1993年對加密交易卡（CryptoTrading Cards）的闡述，礙於當時的發展技術有限，NFT只存在於理論中，直到第一個叫做彩色幣（Colored Coin）的虛擬貨幣出現，類似於NFT的通證才從理論中正式出現，變成虛擬世界中的一種「現實」。彩色幣誕生於2012年，由小面額的比特幣所組成，雖然它在設計上存在著很多缺陷，但透過鏈上的備註，就

能實現多種資產的象徵及其他用途，展現出現實資產進入區塊鏈中的可能，奠定了NFT的發展基礎。2014年時，RobertDermody、Adam Krellenstein 和 Evan Wagner 創立了一個對等金融平台Counterparty，他們推出的「Rare Pepes」將熱門迷因（meme）悲傷蛙做成NFT應用，迷因其實就是一種表情包、圖片、一句話、甚至一段影片、動圖，可以理解為我們所熟知的「梗」。

❷ 萌芽期（2015-2017）

到了第二階段，NFT開始以實驗模型出現。2015年，史上第一款基於區塊鏈設計的手遊《Spells of Genesis》上架，將遊戲的經濟系統與區塊鏈技術結合，遊戲中的卡牌即為NFT虛寶；2017年6月，世上第一個正式的NFT項目《Crypto Punks》在以太鏈上發布，將圖像變身為加密資產，帶入加密貨幣領域，接著同年10月，Dapper Labs團隊受《Crypto Punks》所啟發，推出一款叫做《Crypto Kitties》的加密遊戲，這款遊戲構建出了非同質化通證的ERC-721協議，遊戲中的每一隻貓都獨一無二且不可複製。《Crypto Kitties》迅速走紅、成為市場主流後，一度佔據了以太坊網路16％以上的交易流量，造成以太坊網路嚴重擁堵，轉帳交易甚至因此被延遲、無法轉帳，於是NFT就在《Crypto Kitties》的流行下被推向了高潮。

3 建設期（2018-2020）

2018至2019年，NFT出現了大規模的成長，在經歷一個炒作週期後，NFT進入建設階段，發展出百餘個項目。NonFungible.com推出一個NFT市場追蹤平台，並整合「非同質化」這個新興詞彙作為主要術語來描述新資產類別。OpenSea、SuperRare、KnownOrigin、Makers Place和Rare Art Labs……等都建立了用來發布NFT的交易平台，這些平台將NFT的交易便利化及完善化，Mintbase和Mintable則是建立一些工具，幫助一般大眾創建自己的NFT。應用領域也開始逐步從遊戲、藝術品擴大到音樂等其他多媒體的項目上，與DeFi結合後，還出現了新的商業模式GameFi，推動NFT進一步發展。

4 快速擴張期（2020-）

NFT市場上，數位藝術家Beeple從2007年開始每天創作一幅圖畫，最終將5,000幅畫作拼在一起，製成一個JPG檔作為NFT出售，並將其命名為《Everydays：The First 5,000 Days》，以6,934萬美元的價格在佳士得拍賣會上賣出，在此之後，諸如Zion Lateef Williamson、村上隆、Snoop Dogg、Eminem、Twitter執行長、Edward Joseph Snowden、Paris Hilton、姚明等各界名人、藝術家都透過NFT平台發布各種NFT，再一次將NFT推向大眾視野，NFT的影響力進一步提升。

2021年時，NFT的交易更加繁榮，OpenSea的交易額於8月達到頂峰，金額為34億美元，此時，NBA巨星Curry將自己的Twitter頭像換成一個猴子的卡通圖案，而這個頭像是Curry用55顆以太幣（時價約18萬美元）在NFT市場上的社群之一《Bored Ape Yacht Club》（簡稱BAYC，又稱無聊猿）上購買的，《BAYC》與《Crypto Kitties》有著一樣的獨特性。在Curry所擁有的廣大影響力下，球迷紛紛跟著購買該系列的頭像用在Twitter上，使BAYC進入大眾視野，並帶來了一定的討論度。

在快速擴張期的時間段裡，新冠疫情是最讓全世界深受其害的問題，此時為了避免帶來經濟問題，世界各國的政府選擇發放貨幣，刺激景氣復甦。這使得傳統的投資方案失去吸引力，許多人在風險投資的操作會變得大膽，將目光投向看似藍海的領域，接著Flow公鏈上線、NFT與DeFi的結合衍生出GameFi，NFT也因此迎來春天。2021年，GameFi、元宇宙概念的釋出讓NFT遊戲《AxieInfinity》的銷售暴漲，據Crypto Slam資料顯示，《Axie Infinity》累計交易量突破10億美元，在當時NFT市場中的成交量位列首位，間接帶動整個NFT市場板塊快速發展。

內捲漩渦

量子糾纏

NFT & NFR

虛擬世界的資產證明

3

NFT 重要屬性

★ ★ ★

⭐ Coin VS Token

　　大家都知道貨幣是什麼，應該有些人會認為代幣、通證和貨幣差不多，其實他們有著極大的不同。不管是代幣還是通證，都必須在區塊鏈上建構，最早開放代幣製作的區塊鏈為以太坊，用以太鏈建構的代幣稱為ERC-20，他們允許用戶建立自己的代幣，進行不同的用途。一般會將Coin和Token混用並統一通稱為代幣，但這是錯誤的觀念，Coin和Token兩者的意義有所不同，但單純以Coin來解釋「幣」、Token解釋「代幣」也是一種不到位的理解。

　　比特幣（Bitcoin）剛發明時，Coin的定義相對單純，指的是用來支付或價值儲存的工具，僅作為交易、買賣的貨幣使用，但後來以太坊之類的公有鏈概念出現，讓加密貨幣產生了其他的功能性，因而衍生出Token的概念，去區別原先在Coin的支付與價值儲存外

增添了不同功能的貨幣。Coin指的是在區塊鏈上建構的加密貨幣，這些區塊鏈項目都是基礎鏈，擁有獨立的區塊鏈平台，這使得它變得去中心化且更難被攻擊與破壞，任何人都無法單槍匹馬地侵入並癱瘓系統，這個設計保證每次的資訊交換都具有充分的有效性和可信任。換言之，Coin具有與貨幣相同的特性：可互換、可分割、可接受，具有便攜性、耐用性並擁有供應量的限制，最重要的是除了充當貨幣外不執行任何功能。

Token是一種數位資產，是基於區塊鏈進行發行動作的項目，它可以作為區塊鏈系統內的一種支付工具。廣義來說，Token與Coin有類似的功能，但從狹義來談，Token有賦予持有人參與網路的權利、可以執行數位資產的功能，甚至還能代表公司的股份。Token就像是一張音樂會的門票，只能在特定的時間或場域使用它，就像是去餐館吃飯不能用音樂會的入場券來付帳，音樂會的入場券只在音樂會上有價值。同理，Token只在特定項目和場域下使用。

Token依用途可區分成「證券型Token」和「用途型Token」，雖然同為Token，但本質不同，證券型Token主要用來代表公司股份，而用途型Token在項目中有特定的用處。創建Token要比創建Coin容易得多，不用編寫新代碼或對代碼進行修改，只要透過以太坊等平台的底層架構就可發行自己的Token。

內捲漩渦　量子糾纏　NFT & NFR

⭐ Coin 和 Token 的發展

Coin項目難度較大，正常的發展路徑都是穩紮穩打，慢慢累積經驗值和用戶，Coin的發展週期以年為單位，週期較長，好的項目能存活很久。

Token項目絕大部分經由ICO來募集資金，是一種群眾募資的策略，豪華團隊＋機構投資＋大咖加持是發行Token必備的三項，大多能在財富效應下於非常短的時間內獲得足夠的資金和用戶，週期很短，大部分項目倒的也很快。

⭐ 價值

Coin作為加密貨幣項目，一旦發展壯大，就能夠在網絡效應和規模效應的影響下產生巨大的價值，價值空間也無可限量。

Token作為應用類的項目，適用於具體產業。相較於Coin，Token的發展有限，價值空間與產業本身的發展性息息相關。

⭐ 價格

Coin項目大多沒有做市值管理，或者是指示簡單地做有限的市值管理，這使得Coin的價格比Token來得穩定。

Token經常會被炒作，市值管理對於Token的項目來說非常重

要，主力控盤嚴重，價格會有大起大落的狀況。

風險

Coin項目的開發難度大，能存活下來的都有著過人之處，因此能挺得過市場考驗，風險相對較小。

Token項目建立在以太坊底層架構上，開發成本低，騙錢或失信的項目狀況比比皆是，風險極高。

總而言之，大部分的人並沒有細分Token和Coin的習慣，Token和Coin都是加密貨幣領域中常用的兩個詞，許多人會互換使用，將它們看作相關術語，所以也沒有強行區分的必要性，只要知道這兩者用途不同就好。只有在設計商業模式或進行投資的時候必須謹慎判斷。例如：近期熱議的NFT，就是屬於Token的一種。

非同質化通證（Non-Fungible Token，NFT）是架構在區塊鏈技術上不可複製、竄改和分割的加密數位權益證明，可以理解為去中心化的「虛擬資產或實物資產的數位所有權證書」。從技術層面來看，NFT以智能合約的形式發行，一份智能合約可以發行一種或多種NFT資產，包括實體收藏品、活動門票等實物資產及圖像、音樂、遊戲道具等虛擬資產。目前市面上使用最廣泛、知名度最高的NFT主流協議ERC-721中，一份合約只能發行一種NFT資產，

如BAYC無聊猿；另一個協議ERC-1155則支援發行任意種類的NFT資產，如NFT交易平台OpenSea的代幣OpenStore。一個種類的NFT資產可以延伸出多個NFT，如BAYC項目發行總數共有10,000個。

NFT智能合約記錄了每個NFT資產的Token ID、資源儲存位址及各項資訊，這些資料都儲存於區塊鏈上，但因為成本問題，這些資料所代表的實物或數位資產一般不上鏈，只會儲存在其他中心化或非中心化的儲存系統中，如IPFS，透過雜湊值或URL映射上鏈。因為NFT是基於區塊鏈技術發行的數位產權證書，所以區塊鏈技術會賦予其一些與同質化通證（FT）相同的性質，NFT的中繼資料及其交易記錄一旦上鏈就永久保存於區塊鏈上，無法被竄改或刪除，這確保了NFT的真實性。

此外，基於區塊鏈的儲存功能，數位內容（數位插畫、攝影、多媒體檔案等）能夠進行資訊溯源，實現可驗證性，保證所有權人能實際擁有。FT與NFT在發行時基於不同的協議標準，以太坊的FT協議標準包括ERC-20、ERC-223等，NFT的協議標準包括ERC-721、ERC-1155等。由於協議的不同，NFT有著一些異於FT的特性，每個NFT都獨一無二、有特定的ID，即便是同種的NFT也各有不同，更不能與同種NFT互換，所有數據都經由智能合約存在區塊鏈上，每個NFT都擁有固定的資訊，不可分割成更小面額。

虛擬世界的資產證明

4

NFT 的核心要素

★ ★ ★

　　NFT 還未問世前，數位畫作可以說是一文不值，因為數位畫作無法證明歸屬者，也就是沒有「所有權證明」。沒有所有權證明，代表數位畫作可以被任何人擁有，產生版權不明確的問題，不如真跡來得有收藏價值。

　　在真實世界裡，重要的資產幾乎都有資產證明，例如：房子和土地有「權狀證明」、交通工具如轎車、摩托車、卡車等等，也有「行照」證明車主身分，就連去全家便利商店買一杯咖啡都有資產證明，一張是統一發票，完稅後還能用來兌獎，另一張是交易明細，代表用多少錢買了咖啡。一般消費者拿到這兩張收據憑證後，通常會保留發票兌獎並將交易明細丟棄，因為在現實世界裡，咖啡已經拿走了，用交易明細證明咖啡的歸屬權意義不大。

在虛擬世界裡，交易憑證非常重要，因為虛擬世界沒有實質的物品可以拿取，全憑交易憑證來證明資產屬於誰，虛擬世界裡的「交易明細」、「資產證明」就是非同質化通證，也就是NFT。

很多人會搞不清楚比特幣、以太坊跟NFT之間的關係，而這個部分可以用「錢」和「證明」來說明。在現實世界中，我們都是用錢來買證明，例如：用1,000萬元買一間房子，房子的證明就是房屋所有權狀，買車子也是同理，用100萬元買一台轎車，轎車的證明就是行照，等於用錢買了行照的證明。

在現實世界裡，所謂的錢就是法定貨幣（新台幣），房屋所有權狀或是行照要用實體貨幣購買；在虛擬世界裡，在區塊鏈上流通的是加密貨幣，也就是比特幣、以太幣等虛擬貨幣，所以整個概念是一樣的，在區塊鏈的世界裡就是用錢（比特幣）來買證明（NFT）、用證明（NFT）來賣錢（比特幣）。

比特幣可以換成任何加密貨幣，主要是依平台可以使用的加密貨幣為主，所以「NFT」可說是虛擬世界裡的「所有權證明」。

⭐ 訊息傳遞VS價值傳遞

網路技術屬於訊息傳遞、區塊鏈技術則屬於價值傳遞，訊息傳遞和價值傳遞是不一樣的概念，透過訊息傳遞的產品有E-mail、Line、微信、MSN等等，價值網路有Coin、Token、比特幣、以太幣、NFT等。

首先來看一下「訊息」網路的運作方式，假設A要將一封E-mail寄給B、C、D、E、F這五個人。

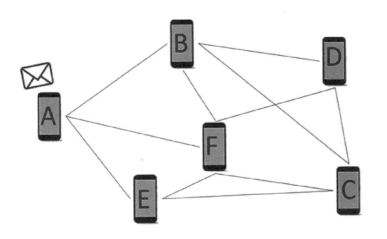

A發送出去後，B、C、D、E、F都會收到跟A一模一樣的內容及附件，如果裡面有一幅數位畫作，那就會變成A、B、C、D、E、F六個人都有一模一樣的數位畫作，這時候網路使用的傳輸概念是「複製」。

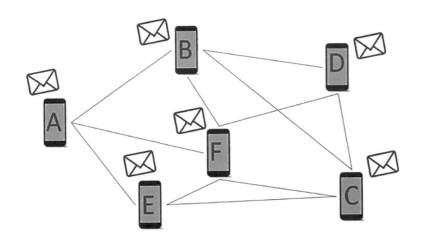

內捲漩渦

量子糾纏

NFT & NFR

219

但如果是用區塊鏈技術來進行傳遞，那結果跟訊息傳輸會截然不同，來看看區塊鏈的「價值」網路是如何運作的。

　　A現在要將一顆比特幣輪流轉給B、C、D、E、F五個人。

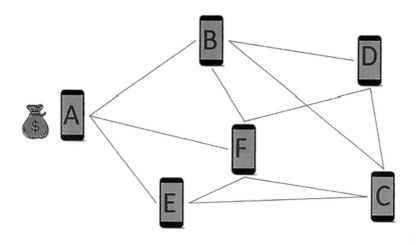

　　A首先將比特幣轉給B，A按下發送鍵後，B就會收到A傳給他的比特幣，這時候A錢包裡的那顆比特幣也會消失不見，因為那顆比特幣到B錢包裡了，B錢包擁有一顆A轉給他的比特幣。

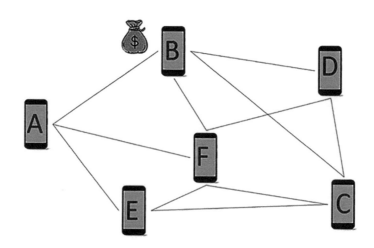

而B要再將A的那顆比特幣轉給C，B按下發送鍵後，錢包裡的比特幣同樣不見了，轉移到C的錢包裡，這時候最初A的那顆比特幣又跑到C的錢包中。

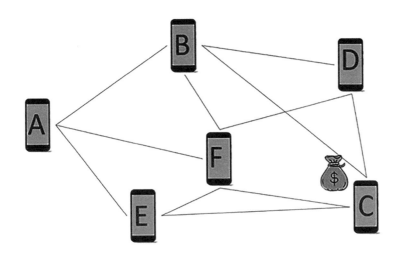

同樣的，C要把比特幣轉給D，這一顆比特幣就會到D錢包裡，之後的操作就這樣以此類推。

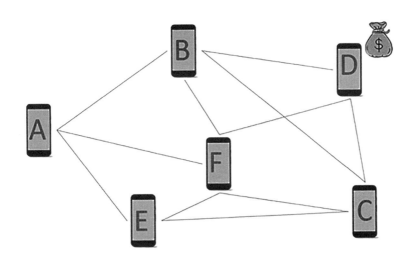

內捲漩渦

量子糾纏

NFT & NFR

如此一來，你是不是更清楚知道傳統網路的訊息傳遞，跟現在區塊鏈網路的價值傳遞是完全不同的概念，訊息網路旨在「複製」，而價值網路則是「轉移」。

NFT 的功能

★ ★ ★

NFT最初的應用場景是數位收藏，因為NFT會對藝術品進行編碼，符合藝術品稀缺的特性，對於收藏家、藝術家和創作者來說有一定的價值。未來，NFT可能會在更多領域拓展出更廣泛的應用，從藝術品投資逐漸擴展到更廣泛的串流媒體、房地產、貸款抵押品等，都能使用NFT進行編碼，以下是幾個可以應用的領域。

📍 版權保護

傳統網路時代只要複製貼上就可以大量傳播作品，衍生出種種版權爭議問題，因為在網路上盜版幾乎沒有成本，且數位圖片、作品可以在短時間內被無限次傳播，若要追蹤源頭和使用方式相當困難，工程浩大；在NFT平台上，透過區塊鏈協議來對買家購入NFT享有的權利做出明確的限制和約束，但這會根據平台區塊鏈協議不同而有所不同。例如：某平台允許買家在購買NFT時，也能購買版

權；也有平台禁止將購買的NFT進行商業使用。

　　每個NFT都是獨特的，NFT買家應該在購買前考慮NFT平台和NFT的相關權利限制，避免侵權風險，因為NFT的獨特性和不可複製性，在侵權後追究問題比傳統網路簡單得多，在區塊鏈分鏈的多樣性下，雖然每條區塊鏈都能保證其NFT是唯一的，但在全區塊鏈之下，多個區塊鏈分鏈的權威性與全區塊鏈的權威性可能產生衝突，衍生難以解決的問題。針對這種問題，規模較大的幾個NFT交易平台已經展開了合作，統一將「一個代幣」的可識別性拓展到全平台，這表示代幣的唯一性不會在轉移的過程中改變，這個計畫的合作機構數量正在擴張，未來可能會出現全域通用的盛況。

　　NFT的存在意義就是為每個創意作品提供一個獨特、有區塊鏈技術支援的網路記錄，基於不可大量複製、非同質化的特點，可以經由時間戳記與智能合約等技術為每一件作品進行版權登記，保護創作者的權利。版權保護功能是NFT初期應用於數位收藏的主要原因，如藝術家WhIsBe，他在Nifty Gateway上以NFT形式將一部16秒的金熊動畫以100萬美元售出，Twitter執行長Jack Dorsey也將他的第一條推文鑄成NFT，以290萬美元售出。紐約證券交易所將歷史上有著里程碑意義的IPO項目做成系列NFT，《紐約時報》也將一個專欄變為NFT刊載。越來越多的創作者、藝術家及單位透過NFT來發表作品，這代表大眾對NFT在保護作品版權上的功能是抱持肯定的。

資產數位化

　　資產數位化讓企業將資產進行處理後，轉變為NFT上傳至區塊鏈，資產數位化除了流動性的優勢外還有其他優勢，比如將NFT進行基於ERC-20的拆分，再將價值拆分成不同數量的NFT或FT然後進行抵押，與傳統銀行的貸款作業有著很大的區別。傳統銀行發放需要經過一系列的驗證、信用考核和價值評估，NFT的抵押可以讓貸款更快速，放款速度、驗證效率在區塊鏈下也會更加快捷。

資產流動性

　　傳統資產的流動性受到監管、物流以及交易效率等多重影響，但若將資產製作成區塊鏈上的代幣NFT，透過去中心化處理，就能加速資產的流動性。目前最大的應用領域還是以收藏藝術品市場為主，只要藝術家在平台上進行完整認證及作品授權，就可以進行自由交易。

　　長期來看，各個領域都可以用NFT形式來實現資產的流動性，促使各行業的數位化進程。比如NBA所製作的NFT數位卡牌，對比傳統數位卡牌，NFT卡牌的估值透明、交易方便，還能呈現更精美的樣式，因而在市場上迅速走紅。

內捲漩渦

量子糾纏

NFT & NFR

📍 元宇宙的身份識別標誌

近期獲得廣泛討論的「元宇宙」也離不開NFT。元宇宙是一個平行於現實世界，又獨立於現實世界的虛擬世界，可以映射現實世界的活動，在虛擬世界中的活動又可能對現實世界產生實際影響。

元宇宙要能有更新的基礎設施及配套的服務產品，NFT將扮演重要的角色，元宇宙中的社交屬性需要更強的沉浸感和開放包容的環境，這是當前網路遊戲的短板之一，元宇宙要能滿足允許來自全球各個角落的用戶隨時隨地進行互通和交流的目的，就需要先創造出身份識別的基礎能力，NFT所具有的不可重複、不可複製性以及相對簡單的架構正好符合需求。

傳統的身份管理系統需要委託中心化的機構，在保證資訊穩定不可修改的同時，卻無法兼顧透明度和傳輸效率，尤其是參與人數眾多的系統，幾乎不可能同時兼顧兩者。相比傳統的中心化機構，基於區塊鏈生態系統的NFT系統並不是傳統模式下集中身份的組織，而是去中心化的管理模式，當前最受歡迎的身份管理區塊鏈軟體是Hyperledger Indy，這個軟體目前雖然還是存在著多方面的不足，但已經比過往的模式好了許多，以下是幾個還需再改進才能讓軟體更加完善的問題：

- 使用者資訊沒有儲存在區塊鏈上，容易丟失。
- 如果使用者更換公司，就需要向原公司申請所有的身份資

訊，消耗不必要的時間和精力。

- 每次申請都需要擁有去中心化識別字、新建用戶名和密碼，會佔據很大的記憶體空間，讓效率變得低下。

- ID長度過短可能造成安全資料洩漏，引發安全問題。

NFT包含獨特商品資產或身份認證資訊，每個人都擁有獨特屬性和身份資訊，NFT可以集合個人資訊、教育資訊、病例記錄和通訊位址等資料，將其數位化後儲存於區塊鏈上，實現去中心化的內容儲存模式。這在未來擁有大量用戶的元宇宙中，既可以實現資訊安全，又可以實現去中心化的優勢。

中國大陸的身份資訊認證平台ID Chain，目前應用於金融系統的身份識別和資訊安全領域，以優惠價格授權中國地區六億多名用戶、菲律賓一億多位使用者的基礎資料使用。其技術團隊先在香港向大型銀行提供金融大資料解決方案，之後逐漸將業務擴展到中國內地和菲律賓。金融場景中，跨平台的身份認證相當重要，將影響用戶體驗的滿意度，而ID Chain的底層基於以太坊ERC-20協議開發，但沒有將全部資料上傳至區塊鏈，而是將身份確認的關鍵部分和信用上傳，一筆交易可以在0.2秒內處理完成，絲毫不影響用戶體驗。

內捲漩渦

量子糾纏

NFT & NFR

⭐ 元宇宙的數位形象

　　元宇宙平台不會與單一的數位及真實應用程式或場景綁定，正如虛擬場景持續存在，但數位物品和身份必須能在虛擬場景中轉移。在元宇宙中，每個參與者都需要一個虛擬形象，基於虛擬形象，人與人可以在元宇宙中建立虛擬的社交關係。在現代的遊戲社交中，各個玩家在進行社交識別和了解的第一步就是外觀識別，而元宇宙是一個獨立於現實世界的虛擬世界，社交過程會脫離現實世界，高級好看的數位形象會帶來更多的社交需求和社交意願，這就類似於身份地位的象徵，如NBA球星Curry在Twitter上帶起的NFT頭像熱潮，其無聊猿頭像便是一種數位形象，《Bored Ape Yacht Club》（BAYC，無聊猿）就是由10,000個不同的猿猴組成的NFT收藏品頭像，其中包括帽子、眼睛、神態、服務及背景等170個不同屬性，每個猿猴都有不同標籤及穿著，BAYC製作團隊生成了10,000個獨特的NFT集合，全都由以太鏈提供支援並在OpenSea上出售。

⭐ 元宇宙金融體系中的重要角色

　　去中心化的元宇宙若要建成，就需要世界各國的網路公司共同參與，類比現實世界的金融體系，若要有一個穩定的金融環境，就

需要具備「網路共識」的代幣來支撐其體系。元宇宙允許世界各個角落的用戶進行互通和交流，在社交互動如此強大的環境下，其金融體系顯得更為重要。GameFi是指將去中心化金融產品以遊戲方式呈現，把DeFi的規則遊戲化，將遊戲中的道具衍生品NFT化，一個最顯著的特點就是用戶的資產成為DeFi遊戲中的裝備或工具。

目前區塊鏈遊戲方向已獲得10億美元以上的資金挹注，涉及基礎設施、交易平台、遊戲、體育、DeFi、開發團隊等項目，無論是投資機構還是加密社群，對GameFi的期望值非常高，但和整個DeFi市場規模相比，GameFi仍處於初期發展階段，DeFi＋NFT，即在DeFi中引入NFT抵押，好比Metaminers推出的礦業博弈NFT《Staking-Mining Tools》，就是一個以NFT質押的礦業博弈，玩家可以透過鎖定加密貨幣來獎勵採礦。

元宇宙中重要的數位資產

對比前幾項應用，NFT的數位資產及收藏品功能為目前最主要的NFT應用。數據分析平台DappRadar統計，2021年8月NFT交易量突破52億美元，2021年9月交易量也超過40億美元，使第三季交易量季增幅高達704％。2021年第三季交易量就高達107億美元，較前季暴增七倍以上。NFT正逐漸成為虛擬世界社會地位的象徵。NFT可廣義解釋為加密貨幣的一個類別，相較於比特幣無差

內捲漩渦

量子糾纏

N F T & N F R

6

市場綜觀與現況

★ ★ ★

2021年3月11日，藝術家Beeple的作品《Everydays：The First 5,000 Days》在佳士得拍賣以6,934萬美元成交（折合台幣約19.4億元），成為最貴NFT藝術品，同時該作品是現今在世藝術家拍賣作品的第三高價。據佳士得的統計資料顯示，該次拍賣共有來自11個國家的33位活躍競價者，在競拍者的年齡分層中，有58%左右來自千禧一代（1981～1996）；33%來自X世代（1965～1980）；6%來自Z世代（1997～2012）；3%來自嬰兒潮一代（1946～1964）。從地域來看，競爭者多為歐美發達國家，其中美洲的競價者高達55%，歐洲的競價者為27%，亞洲的競價者僅為18%。

NFT是建立在區塊鏈技術的應用，元宇宙到來後，人類的交易、社交、收藏……等各種習慣不會改變，即便在元宇宙，社群一樣是社群，消費交易行為不會在元宇宙中消失，會改變的只有展現各項功能的載體和模式，並確保專屬於你的權利，而這些就要倚靠

NFT 了。元宇宙必然都是由虛擬物件組成，好比虛擬土地、虛擬鞋子、虛擬形象……等，未來也必須透過貨幣進行虛擬物件的交易、買賣，虛擬物件交易的貨幣就是加密貨幣，而買賣的虛擬商品則是指NFT。元宇宙中虛擬物件的轉移必須保障所有權的歸屬，否則會變得人人都能複製並宣稱擁有該物件。只有虛擬物件能被忠實記載出處、價格和所有權人，這讓物件的稀缺性能在元宇宙中彰顯，展現出價值。

NFT 的重要價值在於記載並保障虛擬物件的價值與所有權的功能，只要在有價並能交易的前提下，就可以說是「萬物皆能NFT」，這一概念其實已經存在於《The Sandbox》之類的遊戲中，數位藝術品的交易能保障原始創作者的自主權，每一位收藏家都能從區塊鏈中的記錄得知歷年來有誰收藏過，藉此增加該藝術品的故事性和價值，因此NFT也存在著一種文化留存的可能性，能夠記錄一些特殊事件、里程碑、某位大師或標竿人物的延伸故事……等，這個特質也是讓NFT備受關注的原因之一。

NFT 市場

NFT 產業鏈

★ ★ ★

NFT的產業鏈可大致分為三個層面，討論如下：

基礎設施層

基礎設施層為NFT的鑄造提供支援，NFT架構在區塊鏈技術的基礎上，需要成熟的區塊鏈及生態作為基礎設施的支撐，這些設施涵蓋底層公鏈、側鏈/Layer 2、開發工具、代幣標準、儲存以及錢包。這一層的價值來自NFT的鑄造，只要NFT數量越多，這一層的獲取價值越大。對於單個NFT，尤其是新項目來說，容易受到以太坊手續費過高（高Gas費）、網路擁堵嚴重、使用者體驗差的限制，所以很難形成規模化的市場。

要解決基礎設施的問題，可以從三種類型的方法著手：一是利用除了以太坊之外對於NFT友好的其他Layer 1區塊鏈，也就是適用於NFT發展的優質公鏈，包括Flow和Near；二是從側鏈下手，

包括Polygon，xDai以及Ronin；三是用以太坊的Layer 2擴容解決方案，包括Immutable X。一些NFT大項目方或IP自行或聯合開發Layer 1公鏈或Layer 2擴容方案，旨在解決以太坊的交易速度、交易成本與使用者使用體驗等問題。例如：《Crypto Kitties》團隊Dapper Labs開發出公鏈Flow，知名區塊鏈卡牌遊戲《Gods Unchained》的開發公司聯合零知識證明技術公司推出Layer 2擴容解決方案Immutable X。也有一些NFT大項目方或IP訂製化區塊鏈網路用於自身NFT的發行，以改善用戶體驗，例如：《Axie Infinity》團隊專門為遊戲推出的訂製化以太坊側鏈Ronin。

⭐ 項目創作層

項目創作層主要的重點是NFT的鑄造，內容創作者（IP方、版權方）根據區塊鏈協議，如以太坊的ERC-721、ERC-1155等標準協議來鑄造NFT，並在自有平台（企業、項目官網）或協力廠商平台上發行。按照NFT項目的性質，可以將NFT一級流通市場（Sell & Trade）分成以下幾個種類：綜合類、藝術/收藏品類、遊戲/元宇宙類、粉絲經濟類等，項目創作層公司的價值捕獲是來自於NFT的一級交易。

創作層也稱為協議層，NFT的鑄造遵循底層基礎設施的標準協議，目前以太坊最常見的三大NFT標準協議包括ERC-721、

ERC-1155和ERC-998，其中ERC-721協議和新晉的ERC-1155協議是目前應用最廣泛、知名度最高的NFT主流協議。此協議大幅節約了發行和交易NFT時的手續費支出，同時支援批量轉移，如轉帳多數量的同一類別資產或多類別的資產，提高了轉移的便捷度。但ERC-1155協議移除了中繼資料的名稱（Name）和符號（Symbol），這不但犧牲了本身的描述能力，而且在進行多種資產轉移的過程中無法追蹤單個資產，這一定程度上屬於嚴重的資訊損失，並將描述資產的權力讓渡給了上層的應用層後端（如二級交易市場），因此犧牲了網路的去中心化程度。除了三大NFT標準協議外，市面上還有EIP-1948（可儲存動態資料的NFT）、EIP-2981（專注於NFT版稅的以太坊協議）、ERC-809（可租用的NFT）等協議可以參考。

NFT項目集中度較高，歷史成交額Top 5項目佔據超過一半的市場份額。根據Cryptoslam的資料顯示，NFT市場累計成交額達到了106.28億美元，排名第一的專案為《Axie Infinity》，歷史交易總額達到23.78億美元，占比22.37％，第二至第五的項目分別為《Crypto Punks》、《Art Blocks》、《NBA Top Shot》和《BoredApe Yacht Club》，Top 5市場份額合計超過50％；Top 50項目市場份額合計超過90％；Top 100項目市場份額合計達到97.08％。

NFT集中應用於收藏品、藝術品和遊戲領域。按照NFT映

射資產的不同，NFT專案可分為以下幾種類型：收藏品、藝術品、遊戲、元宇宙、應用程式、體育運動、去中心化金融等。根據Nonfungible在2021年的統計來看，收藏品類NFT交易最為活躍，30日的交易額超過14億美元，占總額的比例高達48.09％，專案交易額的第一名寶座總是由《Crypto Punks》和《Bored Ape Yacht Club》這兩家輪流拿下。

📍 衍生應用層

衍生應用層主要是基於項目創作層鑄造出的NFT所衍生出來的應用，包括NFT二級市場、NFT交易資料平台和NFT社交平台等。以二級市場代表專案OpenSea為例，OpenSea中交易的NFT主要來源於項目創作層鑄造的NFT，這一層級的價值捕獲主要是來自流量和需求變現，如社交與策展，如何聚集流量以及變現是核心的價值。

基礎設施層的價值捕捉來自NFT的鑄造和交易，在區塊鏈上記錄鑄造和交易資訊需要支付一定的Gas費。項目創作者（個人或團隊）的收入主要來源於一級市場銷售收入和二級流轉版稅收入。專案創作方發行NFT以Gas費或高於Gas費的發行價格銷售NFT，銷售價格扣除Gas費和平台手續費即為項目創作方的一級市場銷售收入；項目創作方可在智能合約中設定版稅，不同的二級市場平台

允許設立的版稅上限也會有所不同，例如：OpenSea最高允許創作者設定10％的版稅費用，Rarible的上限則高達50％。自有交易市場的專案，專案方從自有交易的市場上按照一定比例收取交易手續費，如《Axie Infinity》收取交易額的5％。

一級鑄幣平台按一級市場交易額的百分比收取首次銷售服務費，二級流轉市場按二級市場交易額的百分比收取轉售服務費。目前主流的二級市場平台都提供鑄幣功能供個人創作者鑄造並銷售自己的NFT。

✪ NFT產業堆疊層

資料分析商Messari認為NFT包含著許多與DeFi相同的金融概念，因此把NFT目前的生態現狀分為七層堆疊層，分別為：

第1層：Layer 1。

第2層：Layer 2和側鏈。

第3層：垂直/應用。

第4層：輔助應用。

第5層：NFT金融化。

第6層：聚合器。

第7層：前端和介面。

以太坊在NFT生態系統中佔主導地位，但仍有改進的空間，銷

內捲漩渦

量子糾纏

N
F
T
&
N
F
R

售額排名的前十個 NFT 項目中，有八個是建立在以太坊上的，昂貴的手續費、擁塞的網路和用戶體驗仍然是一個不小的問題，雖然為新玩家提供了市場機會，但還是必須在第 1 層和第 2 層的解決方案間找出適合的改善方法。

NFT 市場

8

NFT行業發展狀況及展望

★ ★ ★

雖然說NFT是從2017年開始，但真正被關注及應用卻是在2021年左右，目前的NFT應用以藝術類居多，開始走向投資賺錢相關的發展，這和區塊鏈初期的發展由比特幣所帶動的狀況一模一樣，隨著時間推進，企業賦能相關的應用會越來越多，因為NFT的應用層面本來就很廣，可謂萬物皆能NFT，以下就來探討一下NFT架構的發展：

📍 基礎設施層面

隨著NFT行業的持續升溫，越來越多區塊鏈開始NFT的生態布局，因為現有的以太坊網路存在著手續費過高、網路擁堵、使用者體驗差等問題，所以尋求可以承載高頻交易、規模化市場的解決方案是NFT行業進一步發展的關鍵。目前Flow、Near等公鏈，Polygon、xDai、WAX等側鏈以及Immutable X等Layer 2的擴容

解決方案都不斷地在豐富各自的NFT生態系統。

受成本影響，NFT映射的數位內容一般不上鏈，而是儲存於其他中心化或非中心化的儲存系統中，透過雜湊值或URL映射上鏈。目前《Axie Infinity》、《Crypto Kitties》等NFT映射的數位內容就存在中心化的系統中，有著內容資源丟失或被竄改的風險，所以有越來越多NFT專案的數位內容儲存在IFPS等去中心化儲存系統中，隨著技術的發展，更加安全可靠的去中心化可修復的儲存系統會慢慢地推出，諸如Filecoin、Memo等，都有望成為未來NFT儲存的解決方案。

⭐ 項目創作層面

文娛行業IP將延伸至NFT領域，尤其是音樂、影視、遊戲等數位內容產業與NFT簡直是天作之合，憑藉IP的影響力豐富盈利的同時，亦擴大自己的IP影響力。美國漫威便與數位收藏品平台VeVe合作，推出五款不同類型的蜘蛛人NFT；網易旗下的遊戲《永劫無間》IP授權澳洲NFT發行商MetaList Lab發行《NARAKA HERO》系列的NFT盲盒，於幣安NFT市場上架；歌手胡彥斌將自己2001年時珍藏的《和尚》未公開Demo鑄成限量2001份的20周年紀念黑膠NFT，作為七夕節禮物送給粉絲。

現在有越來越多傳統消費領域的企業擁抱NFT市場，利用NFT

來行銷，例如：Audi基於New Audi A8L 60 TFSIe的插電混動特質及經典設計項目再次創作，限量發行「幻想高速（Fantasy Super Highway）」系列的五款NFT；法國奢侈品牌LV為慶祝創辦人路易威登200周年誕辰，推出一款NFT遊戲《Louis：The Game》，玩家可以透過遊戲認識其悠久的品牌故事，並向玩家發送LV與藝術家Beeple合作的限量版NFT。

區塊鏈遊戲和元宇宙領域將會成為驅動未來NFT行業擴張的推手，隨著基礎設施層側鏈、Layer 2等擴容解決方案和去中心化可修復儲存系統的技術突破，交易速度與交易成本對區塊鏈遊戲的限制大幅降低，區塊鏈遊戲和元宇宙經濟體系就會有一定的安全儲存保障。

✪ 衍生應用層面

NFT目前在收藏品、藝術品及遊戲等領域發展更為迅速，但在其他領域的部分還處在起步的階段中，隨著應用場景的不斷擴展，將來會與各領域有著更加緊密的結合，例如：DeFi（如MEME）、保險（如iEarn · finance，現改名為yearn · finance）、社區代幣（如whale）、元宇宙（如The Sandbox）等。另外，隨著NFT的發展，部分熱門NFT項目可能會形成自有的數位內容IP，並在未來衍生至傳統文娛行業，與影視、潮玩等領域結合，如創作相關動

漫、發行盲盒等。

而NFT未來的方向推演有幾個可以討論的可能，一一說明如下：

★ DeFi + NFT

流動性協議，指代表NFT作為底層資產，提供NFT定價的協議，如NiftEx、Upshot、NFT20、NFTX、NiftEx、TopBidder，這些流動性協議為上層複雜的應用提供了NFT的價值發現，像是Unicly，NFT持有者在Unicly協議上創建自己的uToken，該協議一般是對一組NFT的集合進行抵押碎片化後，鑄造對應數量的ERC-20代幣，進而參與流動性挖礦與交易等。NFT現在主要面臨幾個問題：用戶參與門檻低、資產價值效率低、市場估值不準確、交易流動性差等等，真正困難的點不在於建立二級市場，而是在於獲取充沛的流動性。針對這些問題，目前最常見的一種NFT碎片化形式是把NFT發行質押到一個池子裡，然後發行出對應的ERC-20通證，碎片化後的NFT提高了交易流動性，也會發揮出資產流動性的價值。

對用戶來說，他可能會覺得：「我為什麼要購買碎片化藝術品其中一小塊份額呢？」其實這和買股票的概念類似：「股票」是對公司的碎片化定價。公司以「股票」的形式，使大量散戶成為投資

者，看好一個公司無需收購它，只要買入股票就好了。股票市場帶來的流動性使公司蓬勃發展，股票市值也成了公司定價的標竿，因此，若要讓NFT走向大眾化，那就必須提高資產流動性。

DODO NFT是打造最低成本的流動性市場，但這個市場的碎片化還不夠，還需要讓市場的流動性更加高效。一直以來，DODOEX為標準資產提供定價、發行、建池、交易、眾籌等功能，這會讓非標準資產流動性的匣門被打開，利用PMM演算法，為NFT提供新的定價與流動性解決方案。NFT的流動性協議仍處早期階段，目前該領域前四名的專案加起來TVL（Total Value Locked，總鎖倉量）還不到1億美元，應用也屈指可數，對於那些無法接觸高價NFT的普通人來說，碎片化無疑是一個更加切實可行的路徑，以下是碎片化能帶來的具體好處：

1. **提供價格發現**：被碎片化的ERC-20代幣每一次被交易，都會產生新的價格，從而更新該NFT的總價值。

2. **提升交易流動性**：碎片化的解決方案相當於創建了一個二級市場，讓買家和賣家都有動力參與市場交易，讓NFT市場進出貨更加容易，從而解決NFT交易的流動性難題。

3. **降低收藏門檻**：碎片化意味著你能以更小的價格投資一個稀有藏品，這使建立更多樣化的NFT投資組合成為可能，但不是所有NFT都需要碎片化，沒有流動性的長尾資產不會因為碎片化而改變，所以應該優先關注代表著「共識」的高淨值

資產的流動性問題。

4. 權利和治理：讓 NFT 以交易的方式分散所有權，讓持有 NFT 的「權利」（例如：收益共用和投票）成為一種有形的 概念，治理權（例如：收益共用和投票）也更加去中心化。

⭐ Financial NFT

利用 NFT 作為資產表示工具的協議，可以將 NFT 視為 Token 的進化，比如 LP Token 和 yinsure 保單。Yinsure · finance 使用了 NFT 的格式，將保單代幣化 Uniswap，稱之為 yInsure NFT，這 類 NFT 保單除了可以持有外，還能在 NFT 市場交易或參與挖礦。 Uniswap V3 提出的方案中 NFT 作為 LP Token 的創新性使用，會 讓 NFT 的金融屬性因此而被彰顯。此外，還有 Solv Finance 在這 個領域中帶來的創新，他們根據金融票據設計了表達加密專案鎖倉 Token 的 Financial NFT，並設計了 vNFT 這個全新的資產協議，基 於全新的票據型通證協議，Solv 支援長期合約、NFT 份額拆分、按 揭分期支付等全新功能。

Solv Vouchers 則是 Solv 推出的首個 Financial NFT 產品，致力 於重構鎖倉 Token 的管理方式，大幅提高鎖定資產的流動性；Solv IC Market 是 Solv 團隊基於原創資產協議 vNFT 推出的首個創新應 用，嘗試用 NFT 將一級市場帶入 DeFi 領域；DODO 在 Solv 平台將

10萬顆DODO鑄造成Voucher，並以市價五折發售，目的在於回饋DODO深度使用者。

抵押借貸

這一類的主要代表NFT是作為底層資產實現抵押借貸的協議而存在，例如：NFTfi、Pawnhouse、Taker Protocol等。舉NFTfi為例，NFTfi是一個P2P的NFT抵押借貸平台，允許NFT資產持有者將NFT作為抵押品來貸出資產（目前支持WETH和DAI），從而提高NFT資產的流動性。

資管工具

類似於DeFi裡的Zapper、DeBank等資管平台，DeFi合成資產平台Synthetix創始人Kain曾在推特上發表過這樣的觀點：「DeFi屬於金融領域，金融給世界帶來的影響很大，但是遊戲和藝術NFT會比金融更能贏得人們的注意力。」儘管NFT是目前加密領域最令人興奮的市場焦點，但DeFi仍是推動NFT不斷拓展邊界、重塑價值的驅動力，一個是Money Lego（DeFi），一個是Social Lego（NFT），當兩者碰撞在一起時，或許會有更多充滿想像力的情境與應用方法。

內捲漩渦

量子糾纏

N F T & N F R

NFT 市場

9

NFT 熱門項目

★ ★ ★

　　在了解NFT的歷史、分類、現狀後，接著要討論的是幾個目前NFT項目中，引人關注的熱門案例討論。不管是證券還是DeFi市場，都有所謂的藍籌股，NFT也不例外。藍籌（Blue Chips）概念來自賭場，由於賭場內藍色籌碼最值錢，所以人們將其衍生為證券市場中那些市值高、經營業績好的股票，就稱為「藍籌股」。藍籌股在其所屬行業內，通常都佔有重要的支配性地位，在市場相當活躍，一般來說能被稱為藍籌股的項目應該具備以下特點：

- 市值排名較前。
- 銷售額高且穩定。
- 交易活躍，流動性佳。
- 於其產業處領導地位。
- 被其他機構廣泛學習且採用。

　　根據以上幾點來看現在NFT市場上所謂的知名項目，有些熱門項目其實不能算是藍籌股，就好比《NBA Top Shot》球星卡，

該NFT雖然銷售額名列前茅，但流動性和交易額的穩定度其實都差強人意。針對這樣的狀況，有時候能看到許多媒體帶有抨擊性的報導：「斥資上百萬美元來買一個JPG圖檔，風險其實是很大的，這類的投資項目並不適合一般小白入場。」確實，但不管是何種項目，只要是投資都存在風險，所以要理解NFT的背景和其中價值為何，這時選擇NFT中的藍籌項目是一個不錯的方法，較能找到優秀且有價值的NFT項目，降低可能承擔的風險大小，賺取長期獲利。

⭐ 藍籌股代表：《Crypto Punks》

就NFT的發展歷史來看，最具有代表性的藍籌股為《Crypto Punks》，其價值層面可以從以下四點分析：

1 設計理念

《Crypto Punks》具有顛覆性的設計理念，和其他以太鏈產出的NFT項目不同，《Crypto Punks》使用ERC-20協議，其稀缺性與恆定供應與另一NFT項目《Crypto Kitties》可以無限量生成不同，《Crypto Punks》數量固定，總共只有10,000個，且每個屬性都不同，充分表現出此NFT項目的稀缺性。

2 價值敘事

《Crypto Punks》該數位化的龐克藝術品，旨在向Timothy

May在九〇年代初參與開創的加密龐克運動致敬。《Crypto Punks》沒有任何特別的行銷手段，也沒有找知名IP背書，僅是純鏈上生成的資產。項目最初發布時相當公平、簡單，免費提供給大眾索取，官方也將其中9,000個作品以贈送的方式贈予社群。

3 社交貨幣

《Crypto Punks》於2017年發布，為NFT鼻祖，擁有絕佳的社交貨幣屬性，代表了區塊鏈行業名片，以及高端投資通行證。圍繞《Crypto Punks》NFT所開發的產品，形成一個去中心化收藏家社群，該社群有其遊戲規則，例如：加入社群的人，都會將其持有的《Crypto Punks》作為個人資料頭像。

4 社群賦能

《Crypto Punks》的收藏家們不是被動地持有而已，彼此之間會相互合作，再從《Crypto Punks》角色中啟發出的新故事。例如：有一群收藏家將他們收藏的龐克人物結合，創作了一部包含系列中16位人物的龐克漫畫，架構背景故事和敘事線，為這些頭像創造完整的IP身份。《Crypto Punks》推出時ICO當道，整個鏈圈以發幣為主，《Crypto Punks》同樣使用區塊鏈技術，創造出以太坊上第一批具有驗證所有權的數位藝術作品，開闢NFT之先河。幾年沉浮後，《Crypto Punks》現已經發展為NFT生態系統中極具代表

的項目，並擁有自己的拍賣網站Punk House，其成長背後主要來自原生設計理念與後期內容創作增值，當然，整個區塊鏈社群對於NFT狂潮的關注，也是助長《Crypto Punks》爆紅最根本的動力。

除了上述因素外，《Crypto Punks》的特殊意義還可以從下面幾點去進行思考：

❶ 在設計敘事中實現價值主張

龐克精神、公平性的價值主張與稀缺性的供應設計，讓《Crypto Punks》成為一種富有敘事性的資產，也因此成為以太坊文化層面的代表。

❷ 將社群創作與商業獲益結合

濃厚的社群氛圍使二次創作沒有停留在傳統的UGC（使用者生成內容）層面，收藏者以最初的龐克圖像為靈感啟發，創作出全新的藝術，並將其二創產物作為NFT，當作粉絲藝術品出售，不僅讓原有的龐克圖曝光率增加，更創造出新的需求，讓二創作者、原創開發人員，以及《Crypto Punks》社群內的成員共同受益。

❸ 發揮其社交性

位元式的藝術圖像適合作為社交軟體的頭像和人設形象，加上龐克的歷史意義賦予更多層面的價值，使《Crypto Punks》成為一

內捲漩渦

量子糾纏

N F T & N F R

種社交貨幣，頭像本身就是「社交資本」中的一個「權益證明」，所以，NFT市場仍以頭像為主流，這類NFT是個人在網路、元宇宙上代表自己而設計的作品，因此受到極大的推崇，《Crypto Punks》不斷刷新售價記錄就是最好的證明。

🏆 **Top #3 highest sales in Q2 2021 [Collectibles]**

	Project	Asset name / details	Sale date	Sale type	Crypto price	USD Price
	Cryptopunks	€ #3011	04.27	Secondary	667 ETH	1 764 108
	Cryptopunks	€ #2066	05.02	Secondary	500 ETH	1 459 440
	Cryptopunks	€ #1190	05.18	Secondary	400 ETH	1 410 736

據NonFungible調查，收藏品最高售賣紀錄前三名均為《Crypto Punks》。

📍⭐ 盲盒代表：《Hashmasks》

《Hashmasks》是一個蠻特別的NFT項目，其商業模式圍繞著NFT畫作，但另外結合兩種玩法：盲盒和ENS（Ethereum Name Service，以太坊域名服務），這在當時屬於創新的一種玩法，買家透過拍賣平台購入《Hashmasks》，但他們不會馬上知道自己買到了什麼樣式的圖片，也就是說初期所有購買者購入的NFT都處於未知狀態，因此而稱為盲盒，等到拍賣結束後答案才揭曉，這樣的

商業模式會讓收藏者抱有期待。

《Hashmasks》會將作品的部分創作權下放給收藏者社群,持有者開啟盲盒後,只要花費些許NCT代幣,就可以為NFT命名,待NCT全部被官方銷毀後,藝術品的最終形態才能真正確定。這種對於ENS功能變數名稱設計的大膽嘗試吸引了眾多用戶參與,同時,由於NCT本身對應著一種改動作品的權利,這個權利可能會增加作品本身的價值,所以該代幣本身也是有價值的,再加上其本身的通縮屬性,因而形成一個炒作的買賣市場。

《Hashmasks》引入的創作權市場是最大的創新之處。命名權的下放會影響藝術品接下來在市場的表現,也將影響對NCT的供應需求,替藝術品的流轉和價值帶來一定程度的挑戰,所以《Hashmasks》雖然創新,但後續的市場交易量並不高。

★ NBA球星也瘋狂:《Bored Ape Yacht Club》

因NBA球星Curry的購入讓《Bored Ape Yacht Club》(以下稱BAYC)在市場形成一股炫風,BAYC除受到NFT的稀缺性社交貨幣等價值敘事充滿話題外,還有幾點成長要素值得討論。

BAYC最初開賣時的定價為0.08顆以太幣,收藏者可以用較低的金額入場,因而產生極高的財富想像。而一項NFT要有所價值,除了持續賦能外,不斷地話題炒作也有其必要性,起初BAYC

因為球星Curry的購入而備受關注，並藉助同時期的NFT項目《Meetbits》炒作一波，利用了特殊的手法來製造話題性。

《Meetbits》背後的團隊與《Crypto Punks》相同，《Meetbits》推出時，團隊將這個系列的NFT免費發放給了曾經花費以太幣購買《Crypto Punks》和《Autoglyph》的買家，其他人若要購買，就必須花費8,000美元去搶購。但BAYC推出時，每個NFT只要0.08顆以太幣，這兩者的價格因此形成了強烈的對比，這種行銷手法成功地將用戶推向BAYC的懷抱。在價格如此懸殊的對比下，消費者被團隊傳達出的價值感受影響，認為《Meetbits》的模式會使已經很富有的收藏家變得更加富有，但BAYC給人的感受卻是親民的，感覺一般的社會大眾都能涉入其中，因此挑起了話題度和觀注度，因而讓市場認為BAYC比《Meetbits》更有潛力成為下一個《Crypto Punks》。

10

NFT 的盈利模式

★ ★ ★

NFT生態系統中，傳統的營利模式為直接出售NFT資產、在二級交易市場進行交易，收取一般交易或遊戲內部交易的手續費等，而DeFi經濟的繁榮也為NFT生態帶來新的盈利模式。

1 直接銷售NFT

直接向使用者出售NFT，是NFT領域中初創公司常見的盈利方式，即使是大型影像的遊戲發行商，大部分的收入也是來自向使用者銷售的數位商品。如Epic Games出品的遊戲《Fortnite》，在2019年時帶來了高達42億美元的收入，其中很大的一部分收入是來自出售稱為「皮膚（skin）」的數位化產品。儘管在目前與可預見的未來，直接出售NFT是一條生財之道，但區塊鏈技術還能帶來更多的經濟機會。

❷ 二級市場交易手續費

　　遊戲開發者可以從其開發的物品二級市場交易中收費來賺錢。例如：號稱「區塊鏈遊戲 eBay」的 OpenSea，其平台上的開發者能夠設置二級市場銷售抽成，但是存在一條明確的界限，如果二級市場抽成太高會讓用戶避之唯恐不及，私下出售交易。

❸ 遊戲內部經濟中的交易費

　　從遊戲內部經濟收取交易費用來產生收入也是一種二級市場的收費模式，但它比較側重於用戶生成的 NFT，例如：在《Cryptovoxels》的虛擬世界中，遊戲用戶可以自行創建「可穿戴設備」的配件。這種經濟和市場完全是遊戲原生的，因此《Cryptovoxels》開發者可以從用戶每次在遊戲內部買賣這些數位產品的交易中，收取少量的交易費用。

　　如今在 NFT 領域，遊戲內部的交易費用僅占整個經濟體的一小部分，因此遊戲開發商很難從中獲得可觀的收入，可一旦 NFT 領域發展壯大、坐擁數百萬使用者，這種類型的交易費用可能會對企業營收產生重大影響。

❹ 治理代幣

　　遊戲開發者可以透過向社群成員出售治理代幣來賺錢，獲取治理代幣的遊戲社群成員可以獲得一定的投票權，對遊戲未來的發展方式提出建議或是新功能等，遊戲或虛擬世界推出治理代幣的想法

是有潛力的，很多玩家在遊玩時常常會有這樣的想法：「真希望官方能創建 X 功能。」所以如果真的有了治理代幣，玩家對遊戲的建議就有可能實現。持有代幣的用戶被賦予對新功能進行投票的權利，甚至可以提出要建構的新功能，目前投票權與所持有的治理代幣數量成正比，但也許會有其他有趣的治理模式出現，例如：二次投票。

治理代幣商業模式的主要缺點是可持續性較差，遊戲開發者可能會創建固定數量的治理代幣，總有一天出售治理代幣不會再產生任何的收入。採用此模式的最佳方法可能是讓開發者在較長的時間內出售治理代幣，讓自己握有一部分權益，因此開發團隊會被激勵去完成這樣的願景，因為這麼做就能增加所持代幣的價值。

5 收入分成代幣

遊戲開發者可以透過推出具有收入分發功能的代幣並分發給遊戲玩家，持有代幣的玩家可以在遊戲中獲取遊戲營運商扣除之外的遊戲收益。例如：一個虛擬世界的平台可以推出一款收入分成的代幣，該代幣將獲得遊戲內部交易費用的 50％，而其他 50％ 則分配給遊戲開發者。

這種激勵能讓雙方都積極地參與遊戲內部的經濟活動，所有用戶都可能會積極地投入宣傳工作中，鼓勵其他用戶加入並創造商品和服務，這種代幣模式也可以視為一種證券，但需要考慮到監管相

內捲漩渦

量子糾纏

NFT & NFR

關的問題,如果能做到確實監管,這種代幣的模式會成為具有可行性的應用之一。

6 認購

使用者將加密資產投入DeFi協議或資金池中,將產生的收益提供給遊戲開發者,作為遊戲入場券或其他服務的獲取資格。例如:用戶可以將100顆代幣Dai放入貨幣市場協議 Compound中,而收益可以交給遊戲開發者。

7 原生代幣

即NFT項目開發自己的NFT代幣,作為遊戲或其他項目中獲取數位資產的唯一貨幣。NFT項目也可以直接推出自己的代幣,作為其商業模式,開發團隊可能會要求只能使用這種代幣購買遊戲/虛擬世界中的所有資產,這種代幣就有了用途。遊戲開發團隊還可以強制以某種方式質押,隨著DeFi向用戶和開發者展示出這種原生代幣的有效性,這種類型的原生代幣模式在NFT生態系統中可能會變得更加流行。

8 拆分

NFT拆分平台NIFTEX允許用戶投入高價值的NFT,並將其拆分為10,000顆ERC-20代幣,這些ERC-20代幣將在NIFTEX市場上交易,比如NIFTEX平台。理論上一個團隊可以在創建出高

價值的NFT後對其進行拆分，接著在 NIFTEX 上對拆分後的ERC-20代幣進行交易，讓資產增值。

這種方法可能只適用於已經建立社群，並具有較多人數、討論熱絡的NFT項目。如果一個新項目將NFT進行拆分並投放市場，那參與者可能非常少，若想讓這種方法發揮最大作用，那前提就是要建構出非常出色的項目。

9 抵押貸款

所謂的抵押貸款，即是透過抵押NFT來獲取資產，對比銀行的資產，該種貸款方式放款更快。借助NFTfi等NFT抵押貸款平台，遊戲開發者可以利用其創造的資產作為抵押來獲得貸款，無須透過銀行系統取得，因為銀行可能需要數週的時間審核、確認，才能正式撥款，且這樣的方式只需將其資產作為抵押，可立即獲得貸款要約。這不完全算是一種「商業模式」，但對於開發團隊來說，如果急需一筆金流支出，這是一個獲得短期現金流的好辦法。

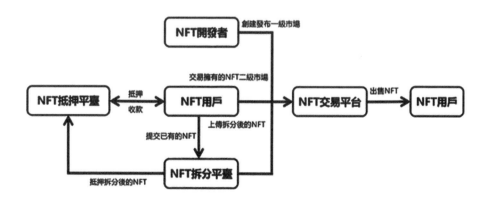

NFT 的應用

11

萬物皆可NFT之生活應用

★ ★ ★

2021年，NFT在全球掀起風暴，無論是遊戲、金融、藝術和醫學等，各種不同的行業都為之瘋狂，NFT的應用是無邊無界、無止境的，像Meta、Twitter、Reddit到Visa等跨國大公司也極力搭上此趨勢，以下列出幾個應用在生活中的NFT案例：

📍 NFT 遊戲

2017年時，遊戲《Crypto Kitties》允許用戶收集、繁殖和銷售NFT小貓，在市場上獲得廣泛關注，使用者量突然暴增。如今NFT被整合到廣大遊戲中，又衍生出GameFi的商業模式，像《AxieInfinity》和《Blankos Block Party》，主打邊玩邊賺，讓玩家能在遊戲過程中賺到「現實世界中的錢」，受歡迎的程度呈爆炸性成長，畢竟無人不想賺錢，更何況現在只要打遊戲就能賺錢。而

現在許多人都把元宇宙視為未來線上互動的主要媒介，所以元宇宙將與 NFT 有密切的關係，可以說沒有 NFT 就不會有元宇宙，元宇宙中的隱私、安全和互通性的建立相當重要，只要人類生活越靠向虛擬世界，就越需要一個安全的方式來證明我們的身份和數位資產的所有權。

《Decentraland》和《The Sandbox》充分利用 NFT，從用戶名到遊戲中的穿戴道具乃至房地產，遊戲中的所有東西都作為 NFT、通證化。以房地產為例，《Decentraland》中房地產是有限的，但可以作為 NFT 擁有，在《Decentraland》購買的土地完全屬於玩家，用戶們可以自行規劃自己的土地，做你喜歡的事情，好比蓋房子、開演唱會、做生意、建藝術館，或者貼廣告……等。遊戲中和真實世界裡的經濟模式相同，在真實世界的所有一切都可以在虛擬世界以數位方式重現。現實世界的土地之所以有價值，不僅是因為它給你帶來的效用，還包括它的稀缺性和對其他人的潛在效用，這意味著大家對這塊地越有興趣，這個地區的房產就越有價值，其他像位置、面積和市場趨勢等因素，也都會影響房產的價值。你可以出售它以獲得利潤，並將所有權轉讓給其他人，這也是為什麼會有許多企業在《Decentraland》上挹注大筆資金，買下一大片土地，因為他們想利用遊戲中的人流來建立一個虛擬商場。

內捲漩渦

量子糾纏

NFT & NFR

⭐ NFT 串流媒體

　　NFT經常因開創創造者經濟而受到稱讚，它讓成千上萬的藝術家有機會按照自己的方式創作生產和銷售他們的作品。但NFT創作者經濟的潛力遠不只如此，NFT為成千上萬的藝術家提供了銷售創作的機會，不只有圖片，還包括音樂、影視節目等。DJ 3LAU是第一個將專輯做成NFT的音樂人，他出售的專輯一共為他賺取了1,160萬美元。這些NFT可以被碎片化，將歌曲部分所有權出售給歌迷和投資者，歌曲的串流媒體版稅也將分給這些所有者。

　　想像一下：一個你喜歡的歌手創作一首新歌曲，你認為這首歌一定會大爆紅，剛好這首曲子被鑄成NFT並分成好幾份，於是你買下這首歌30%的股份。一個月後，這首歌果真開始流行起來，大街小巷都在播放這首歌，成為抖音、YouTube上最熱門的歌曲，連可口可樂公司都想用在他們的新廣告中，你將與製作這首歌的音樂人一起從中獲得收益。而且你可以在派對上播放這首歌，告訴你的朋友你是這首歌的部分擁有者，甚至可以出售你的歌曲份額，從中獲利。

　　歌曲NFT化，讓歌迷可以投資和支持這些音樂人，而音樂人也可以透過分享他們的收入來回饋他們背後最強大的支持者。不只有音樂，最近有一個明星雲集的NFT動畫系列，名為《Stoner Cats》，是部充滿各種貓貓的節目，但沒有購買該NFT的人無法

觀看這個系列動畫。Stoner Cats 的價格約 0.35 顆以太幣，目前有近 5,000 名貓主，只有這些人能接觸到該節目並觀看。你購買一隻貓，就是在贊助這系列的未來，而且作為貓的主人，你還可以對未來的劇情給予意見，並成為貓貓社群的一員，如果這個節目未來越來越受歡迎，你擁有的資產可能會升值，而這僅僅是 NFT 進入娛樂世界的開始。不僅華納兄弟超有名的電影《沙丘》首映時發行了 NFT，連迪士尼也發布了與 Disney+ 訂閱相對應的 NFT！

NFT 和藝術

任何對 NFT 有所了解的人，都知道它們已經徹底改變數位藝術的概念，但 NFT 藝術其實還有其他趨勢，顯示出它撼動傳統藝術界的潛力。在過去一年裡，加密貨幣平台波場 TRON 創始人孫宇晨將價值 3,000 萬美元的知名藝術作品鑄造成 NFT，吸引了藝術界的注意。彩虹貓（Nyan Cat）動圖以 60 萬美元售出，Twitter 創辦人 Jack Dorsey 的第一條推文「just setting up my twitter（剛創設了我的推特帳號）」化為 NFT 資產後，拍賣價也飆破 290 萬美元，藝術家 Beeple 的數位圖檔作品《Everydays：The First 5,000 Days》更以 6,934 萬美元天價在佳士得上拍出。

NFT 可謂掀起一波顛覆數位產品交易的革命，彷彿任何數位形式的虛擬事物只要轉化 NFT，就能激起搶購與收藏欲望。

內捲漩渦

量子糾纏

NFT & NFR

NonFungible.com網站顯示，2022年起迷因、動圖、短片等NFT藝術品的銷售總額已超過2億美元，超越2021年的2.5億美元記錄。由於區塊鏈技術具「不可竄改」的特性，一旦交易記錄成「區塊」，即永久無法更改這個交易事實，你可能會想，雖然買下NFT，但得標者並沒有獲得作品流通的買斷權，網路用戶仍然可以在合法範圍內無限觀賞、複製此NFT加密藝術品，那些高價搶購NFT的人到底在想什麼呢？

以下是NFT購買者們主要的抱持的理念與想法：

📍 NFT為藝術品賦能

每個NFT加密藝術品的價值都是獨一無二的，通常是最高出價者設定的估值，若想要以NFT形式出售作品，藝術家必須與市場簽約，在區塊鏈上傳並驗證作品之資訊，以「鑄造」成專屬的唯一數位驗證NFT，然後藝術家就可以在OpenSea等平台的NFT市場上進行拍賣。

NFT加密藝術作品會爆紅，不純粹是投資者想吹大投機泡沫而已，這是因為藝術產品登記於區塊鏈上並且「通證化」，事實上就是在建立一個透明、可信賴的藝術資訊平台與藝術市場，因為在區塊上的NFT資產具有不可分割、不可替代、可被驗證與永久記錄等特性。這個做法彌補了藝術市場長期的需求，過去作品來源、真偽

等資訊不透明，一直是買賣交易的一大阻礙，買家受制於藝術市場的鑑定與經銷業者等，難以獨立、高效地鑑別藝術品的價值。

📍 區塊鏈技術輕鬆解決買賣雙方的信任障礙

買家透過NFT清楚記載的藝術品真實資訊，諸如原作的鑑別方式、作品年代、交易記錄、交易時間、價格等，便於獨自追查與釐清疏漏，帶動快速又高效率的自由購買與數位藝術市場繁榮。對藝術家或藝術機構來說，這便於他們確認數位作品在全球的使用狀況、歷史交易資訊，還有版權收益。

數位藝術沒有實質存有且通常免費流通，價值長久以來都被市場低估，NFT讓這些作品增值「稀缺性」，例如：限量版甚至是獨一無二的名牌球鞋，通常都會被炒高售價。實質存在的限量球鞋很容易明白為何物有所值，但一般人很難理解為什麼數位藝術或任何其他數位檔案值得賣出天價。NFT數位藝術的「稀缺性」在於，它透過區塊鏈終於產生獨一無二的「擁有權證明」，對收藏家來說，購買藝術品的重要誘因是獲得原版的「擁有權證明」，買下之後除了展覽之外還便於流通，只不過數位藝術品的展示空間只會在網路或區塊鏈上而已。購買數位原版的名畫不會比購買實體作品還差，因為全世界本來就流通著名畫的實體複製品，而數位版還有區塊鏈第三方的公正記錄。

內捲漩渦

量子糾纏

NFT & NFR

顛覆過往藝術鑑賞的形式

在區塊鏈世代掀起的NFT藝術熱潮，象徵著新世代年輕人藝術鑑賞方式的改變，他們習慣購買線上遊戲的虛擬寶物、投資加密貨幣，在藝術鑑賞方面，他們也願意購買虛擬藝術品，放在網路空間上欣賞。此外，購買數位藝術品不僅是為數位檔案本身付費，也是為了支持藝術家的勞動付出。

讓數位內容生產者激發創作熱情

NFT的概念出現之前，許多數位藝術家對內容創作感到厭倦，因為這些內容雖然在FB和IG等社群平台上吸引很多網友的關注和追蹤，卻難以「變現」，NFT的出現激起數位藝術家的創作熱情，畫家、音樂家，電影製片人甚至是新聞媒體等數位內容生產者，都在構想著NFT能如何改變他們的創作過程。《紐約時報》專欄作家Kevin Roose將專欄文章「在區塊鏈上買下這篇專欄！」（Buy This Column on the Blockchain！）轉換為NFT，在加密藝術平台上出售，截至目前，最高叫價約34,000美元。當代藝術家Krista Kim創建全球首件NFT虛擬房地產「火星屋」（Mars House），以約50萬美元賣出，買家可上載「火星屋」檔案到虛擬世界中，體驗在「火星屋」裡的生活。

NFT超乎想像的發展速度讓傳統藝術界的藝術創作者措手不及，但就目前來看，整體發展方向是好的，只要能再改善一些小問題，就能使這種藝術創作與交易的模式變得更為可靠。

內捲漩渦

量子糾纏

NFT & NFR

NFT 的應用

12

萬物皆可 NFT 之金融應用

　　區塊鏈的原始特性即為「分布式帳本」，因此將它應用於金融領域再適合不過了，早期的區塊鏈應用加密貨幣及加密貨幣的其他衍伸應用都是屬於金融領域，所以將區塊鏈發展至 NFT 領域，在金融領域的應用更是意料之中的事。雖然 NFT 早在 2017 年就出現了，但最開始只在加密貨幣的社群裡流行，並沒有在全世界拓展開來，直至近年才看到藝術家、設計師、遊戲開發者、音樂家和作家開始使用 NFT 技術，現在還出現了一項新的金融服務，透過使用 NFT 作為抵押品來貸款。加密貨幣和去中心化金融如今在全世界蓬勃發展，NFT 也在這個領域中佔有一席之地，關於 NFT 在金融領域的未來猜測中，有一種說法是 NFT 可以解決長供應鏈的融資問題，因為不管是 NFT、比特幣還是 DeFi，一樣都是一場金融、社會、政治運動。

　　NFT 可以將內容的所有權和來源數位化，讓人們得以向遍布全球的創作者購買內容，實現幾近即時的價值傳遞。NFT 技術還未

發展到主流階段，仍有巨大潛力尚未釋放出來，目前仍處於第一階段，實現鏈上和鏈下媒體資產的通證化，將來第二階段是透過DeFi協議，將這類資產金融化，來提升它們的價值主張，並實現在其他應用上。

⭐ DeFi 是 NFT 的助推器

等到未來技術成熟時，NFT金融可以運用DeFi協議來實現，解決可能產生的諸多問題，比如：

1️⃣ 可及性

由於每個NFT從定義上來說都是獨一無二的，買家需要具備特定資產的專業知識，以便做出明智的買入或賣出決策。此外，這類資產的稀缺性會推動資產價格飆升，超出散戶的購買能力。正是這兩點因素提高了新買家進入NFT市場的門檻，並阻礙NFT價值的累積，由於NFT價值中有一部分源自其社群，限制長尾買家進入市場，增加NFT滲透到整個網路的難度，而DeFi協議會降低參與NFT市場所需的資金和知識，吸引更多散戶湧入。

2️⃣ 流動性

圍繞一個特定NFT形成的買賣方流動市場具有更好的價格議定能力，因為這能提高NFT在二級市場的交易速度，交易量越多，越

內捲漩渦

量子糾纏

NFT & NFR

能找出NFT的平均市價，這樣一來，賣方就能更好地將其工作產出變現，讓新手買方更容易進入新市場，因為他們可以輕鬆地退出投資。

③ 實用性

雖然所有權和來源是免許可型密碼學網路賦予NFT的兩個重要屬性，但是其價值主張並未完全引起散戶買家的共鳴，DeFi協議可增強NFT的實用性，諸如現金流、內容和體驗，吸引主流用戶擁有NFT。

相信很快就能看到大量基於這些概念而進行的實驗，如果開發者、創作者和社群能攜手將它們一一實現、落地，就能為所有人帶來更加便利的生活。

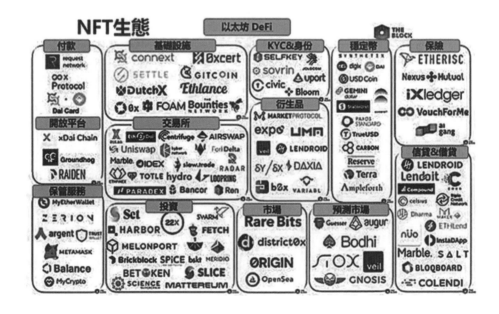

13

萬物皆可NFT之其他應用

★　★　★

　　NFT從2021年掀起一場浪潮與流行，持續到今日，還能看到NFT被遊戲、金融、藝術和醫學等不同行業所採用。NFT的潛在應用幾乎是無止境的，甚至有人認為，從現在起十年後，所有的購買都將伴隨著NFT。以下筆者整理出一些各式不同領域的應用。

⭐ PFP頭像

　　個人頭像（PFP，Profile Picture）算是NFT歷史上最成功的項目之一，像無聊猿頭像BAYC就是這類應用，從2017年最先開始的頭像《Crypto Punks》，一轉眼來到2022年，這10,000個PFP中，最便宜的價值也超過40萬美元。

　　一張虛擬頭像售價能達到上千萬美元，你可能會覺得不可思議，但這在高價拍賣及成交的鏈上頭像圖片在加密藝術圈很常見，除了廣為人知的加密龐克和BAYC外，卡通胖企鵝圖像《Pudgy

Penguins》編號#5687成交價也高達100顆以太幣。除了NFT本身的特性外,去中心化金融DeFi的發展,頭像NFT在鏈上流通、所有權轉讓、買賣交易都有了更容易的途徑,也因而讓頭像NFT與現實資產之間有了價值掛鉤,你可以在鏈上把頭像NFT兌換為以太幣、泰達幣、DAI等其它有價加密資產來變現。

這些頭像類NFT每個獨一無二,持有者不但可以利用稀缺性進行溢價拍賣,獲取收益,項目發起方也會賦予頭像NFT持有者一些權利。簡單來說,PFP類的NFT正在成為一種鏈上身份的象徵,擁有某個NFT,你就相當於擁有進入該NFT俱樂部的門票。比如,你可以進入項目的Discord會員社群、加入私人Telegram頻道,或者獲得鏈上私人聚會活動的參與資格,你也可以把自己的Twitter、IG等社交帳號的頭像改為你持有的NFT頭像,以此標識你是某NFT社群的成員,和同好者一起互動、社交。隨著各類PFP頭像熱燒,越來越多加密圈外人士進入,明星余文樂的IG頭像是《Crypto Punks》,徐靜蕾IG頭像則是用《Animetas》,頭像類NFT層出不窮,筆者整理出幾個代表性PFP。

★ 數位分身NFT

數位分身可說是一個產品或資產的數位副本,也就是說透過NFT對實物資產的所有權進行數位記錄。你可能會想為什麼有人在

擁有真實的產品後，還是需要一個虛擬的NFT呢？這是為了證明自己買的是正品。

據統計，假貨、山寨品占世界貿易總額的3.3％，也有研究報告指出博物館保存的所有畫作中，竟有20％可能並非真跡。好比你在網路上買的新鞋，拍賣照片看起來像NIKE正品，但如果不是直接從直營店或官方通路購買，好像又不能真正確認不是假貨。但數位分身可以將實體產品連結到NFT上，並儲存在一個去中心化的區塊鏈上，它就像一張收據或保證書。例如：NIKE製造鞋子時一併鑄造NFT，當你買一雙鞋時，你得到的不僅有鞋，還有對應的NFT，若你把鞋子和NFT賣給其他人，對方就可以清楚了解完整的購買史。NIKE也將自己品牌的數位分身申請專利，鞋與代幣兩者結合，形成「CryptoKicks」，不僅允許驗證真實世界的所有權，還可能像一個NFT遊戲，允許用戶繁殖、購買和出售鞋子。

📍 NFT 與健康醫療

BRIC INVEST 推出 Aimedis（AIMX）代幣，利用區塊鏈和人工智慧的穩健eHealth投資，借助首次代幣發行，Aimedis旨在籌集資金，在全球推廣其以區塊鏈和人工智慧為基礎的eHealth平台，並為投資人提供獨特的機會，以利病患與醫生的互動方式產生

內捲漩渦

量子糾纏

NFT & NFR

革命性變化。Aimedis是以區塊鏈與人工智慧為基礎之平台的創建者，該平台讓病患和各大機構能安全地儲存和共享醫療資訊，例如：診斷、X光、血液檢測等，並讓他們能進行視訊問診或線上取得藥物處方，其代幣可用於平台內各項服務。每顆Aimedis代幣價值0.12美元，意欲藉此籌集3,600萬美元，為平台的進一步發展和推廣國際市場提供資金，並致力於「將個人資料貨幣化」，推出世界上第一個結合NFT的醫療生態系統，並允許將「醫療資料」作為NFT商品買賣，使用者可以透過imedis系統，將自己的醫療資訊販售給製藥公司，這使得醫療資訊得以「通證化」，使用者也可透過這個買賣過程獲取額外收入。而這樣的區塊鏈技術，未來可能會將病人作為醫療生態系統的中心，提高其中醫療個資的安全性、隱私性與互通性，成為醫學和NFT在整合上的先驅者。

資料是數位經濟中最有價值的資產，但大多數人都沒有辦法將他們的個人資料通證化，而區塊鏈技術能將病人置於醫療生態系統的中心，並提高健康資料的安全性、隱私性和互通性，將完全改變目前的醫療系統。特別是疫苗接種護照問題或敏感的醫療資訊集中資料儲存的脆弱性，在未來幾年很可能會有越來越多NFT和區塊鏈被整合到醫學和健康領域的案例。

⭐ AI 人工智慧 NFT

2018年，Obvious Art在拍賣會上以超過40萬美元的價格出售一件由GAN AI創造的藝術品。另一個Alicia AI在研究9,100多幅知名藝術家畫作後，完成了30萬次複雜的運算，以了解藝術家的模式和技術產生了畫作Arlequín，而這只是Alicia創造的作品其中之一。

「人工智慧生成的NFT」在藝術圈中越來越流行，也越來越受對人工智慧、區塊鏈和元宇宙等新興技術感興趣的人歡迎。人工智慧生成的NFT藝術是一種相對較新的藝術類型，而藝術是與一些類似人工智慧的東西一起創造的，為了創造AI生成的NFT，利用了一個名為「Eponym」的藝術生成器，由AI生成藝術公司Art AI所開發。

Eponym建立在個性化生成藝術的算法之上，它可以讓人們透過與電腦互動來創作藝術，是一個合作性的NFT項目，用戶可以在網站的文字框中輸入任何短句或單詞來使用它。人工智慧會根據你輸入的文字來生成圖像，而每個文字只能生成一次，好比你輸入Bitcoin，那就只會有一個名為Bitcoin的Eponym，然後這些創作會直接鑄造到OpenSea上。AI生成藝術是一個相當新的概念，第一個Eponym項目在OpenSea上推出後，一夜便售罄，也因此使它成為由3,500名不同藝術家創建的最大的合作藝術項目之一。AI生成

藝術是一個將藝術去中心化的實驗，因為它是由算法生成的，生成藝術將探索一個與人機交互緊密相連的社會的未來。雖然人工智慧生成的NFT潛力是顯而易見的，但人工智慧能否在信任基礎下基於文本或照片生成高品質的圖像仍然是一個擔憂，撇開技術不談，人工智慧生成的NFT未來必將成為一個顛覆性的趨勢。

生成藝術已在OpenSea上獲得巨大的銷量，在市場上仍繼續成長，這部分歸功於AI生成NFT的功能，且元宇宙的興起應該也會促進人工智慧NFT的發展，例如：以交互式虛擬身份為特色，可以用自己的肖像創建3D角色，並使用人工智慧將其動畫化，並在《The Sandbox》等元宇宙環境中兼容。

投資NFT

14

投資及評估 NFT

★ ★ ★

NFT迎來大牛市，以BAYC和《Phanta Bear》為代表，各大社群們皆喊著「東熊西猿」的口號。不少投資客看中NFT其中商機紛紛入手，那麼，一般民眾可以如何參與投資NFT呢？

✪ 四種 NFT 投資方法

1 直接持有 NFT

用戶可以在交易平台上用泰達幣、以太幣等加密貨幣直接購買NFT作品，透過前面介紹的OpenSea交易平台，購買藝術品、收藏品、遊戲資產、虛擬土地、域名等各個種類的NFT。

2 將 NFT 轉化 ERC-20 代幣

ERC-20代幣也稱NFT20代幣，你可以在Uniswap等去中心化交易平台創建流動性池。

內捲漩渦

量子糾纏

N F T & N F R

- **NFT 指數基金**：就像藝術品一樣，多數 NFT 的流動性其實很差，可能一幅加密畫作或一隻加密貓在交易平台上幾個月，都沒幾個買家出價，但透過 NFTX 指數基金，投資者無需挑選單個收藏品便可以參與到 NFT 領域的市場成長。比如你想接觸 Hashmask NFT，但沒有鑑別其價值的相關專業知識，那就可以選擇在 NFTX 購買 MASK 指數。NFTX 是由 NFT 收藏品支撐的 ERC-20 代幣平台，其鑄造的代幣代表流行收藏品的指數基金。

- **將 NFT「切割」**：NIFTEX 設計了一種將具有唯一性的 NFT「切割」成大量同質化代幣的技術，然後這些代幣可以在 Uniswap 等去中心化金融交易所進行交易，讓用戶從 NFT 中獲得流動性。

③ 投資 NFT 公鏈、側鏈的代幣

投資 NFT 最佳的方式是可以投資 NFT 的公鏈或側鏈代幣，因為直接持有 NFT 的風險性太大，而且市場上值得投資並有價值的 NFT 單價成本太高，一個 NFT 約幾十萬到上百萬美金，那不如把投資方向放在公鏈或側鏈上。NFT 常用的公鏈有以太坊、Flow、BSC、Near，側鏈則有 Polygon 和 Ronin，前文章節有介紹過，可再往前查閱。

❹ 投資交易平台所發行的代幣

交易平台具有治理、基礎貨幣等功能，投資交易平台的概念就像是在面對亞馬遜上的熱銷商品所產生的應對政策：一個商品有著可觀的銷售量，如果想藉著這個商品大賺一筆，不需要特地入手大量的商品並轉賣賺取差價，而是可以直接投資亞馬遜公司，從源頭賺取利益。投資NFT交易平台的概念也是一樣，有的NFT交易所會發行自己的代幣，購買該交易所的代幣相當於購買一家公司的股票，這種投資方式的風險相比之下會更小一些，利益也會更多一些。

以現有的NFT交易平台來說，OpenSea沒有發行代幣，這家公司走的是傳統的IPO路線，而非區塊鏈的ICO、IEO、IDO模式；Enjin是一個不需要區塊鏈經驗就可以開發區塊鏈遊戲的開發服務平台，其發行的ENJ為一種通貨緊縮的代幣，可供開發者鑄造ERC-1155協議的代幣，Enjin現已託管超過30萬個遊戲社群，可以接觸到超過1,900萬名玩家。

Aavegotchi是一種接受抵押NFT數位收藏品的平台，每個Aavegotchi均為一個ERC-721協議的NFT，由抵押的資產數量、資產特質和對應的遊戲裝備來決定其價值和稀缺性。每個Aavegotchi背後的協議都管理著一個託管合約地址，該地址持有Aave支持的ERC-20抵押物，即「aToken」，隨著Aave借貸池中收益的不斷成長，錢包中aTokens數量也隨之成長，平台的代幣

GHST也具有支付、抵押和治理的作用。

　　以上四種投資NFT方法看似簡單，但實際上卻是要有一定規格的電腦、系統、平台、區塊鏈等知識，才有辦法進行投資。簡而言之，如果想要投資高CP值的NFT，需要知道三個部分：公鏈、平台和產品，而想進行高CP值的投資，重要程度的排序是：第一個是平台、第二個是公鏈，最後一個才是產品。

- **公鏈**：在區塊鏈上等同於國家的概念。
- **平台**：平台在區塊鏈上等同於一家公司，其中包含各大NFT交易平台。
- **產品**：產品在區塊鏈上就是一個公司生產的商品，但區塊鏈上的商品都是NFT商品。

★ 評估NFT價值的七種要素

　　加密貨幣市場從不會停滯不前，新的資產種類會持續出現，例如：比特幣之外的主流加密貨幣、穩定幣和其他項目代幣。每過幾年，就會有新類型的加密貨幣資產在市場中大放異彩，其估值快速上揚並創立數種新的使用案例。NFT幾乎遍布去中心化產業的所有領域，作為虛擬和現實世界之間的橋樑。NFT是獨特的代幣，賦予持有者對特定資產的不可變所有權，作為一種可附加於藝術作

品、一雙運動鞋或電玩遊戲中收藏品的一種資產類型，NFT在加密貨幣市場非常搶手。藝術家 Beeple 的作品在佳士得拍賣會上以天價賣出，《Crypto Punks》以720萬美元的價格售出，藝術家 Fewocious 推出的 NFT 也打破 SuperRare 平台銷售記錄，這一切都是真實發生的，確實非常瘋狂。

你可能會問：「這些 NFT 是如何獲得天價估值的？」這的確是一個很好的問題，NFT 與 DeFi 代幣不同，目前沒有鏈上現金流，沒有市盈率或現金流模型可以適用於它們。要判定 NFT 的準確價值很困難，因為這個資產類型相對較新，儘管蒙娜麗莎藝術品或 NBA 球員卡等實體收藏品都有明確定義的價值，但在 NFT 領域，關注 NFT 的投資者可能很難判斷特定資產或收藏品是否值得他們挹注資金，以及他們是不是真的想要或需要它，但由於 NFT 在不到一年的時間內成功打入許多產業並且達成高估值水平，目前已經有七個可以衡量其價值的主要因素，整理如下。

1 | 區塊鏈安全性

NFT 的核心要點是：只要底層區塊鏈基礎設施保持不變，那它就是不可變、有保障的數位資產。因此，以太坊之所以能成為最重要的 NFT 網路，要歸功於它至今依然處於領先地位的安全性以及智能化的合約平台，在可預見的未來裡，以太坊也會繼續保持著這個領域的主導地位。換句話說，鑄造 NFT 的區塊鏈與 NFT 本身的價

值互相掛鉤，這也是為什麼會有人說在以太鏈上鑄造的NFT，要比在其他區塊鏈鑄造的NFT更有價值，因為它給人的感覺更為安全、更有保障，但其實在區塊鏈上鑄造的NFT都有一定的安全程度。對於一般人來說，對於區塊鏈都會產生幾個問題與質疑：

- 主鏈是安全的嗎？
- 它是去中心化的嗎？
- 資料是否在鏈上？
- 是否有公鏈瀏覽器？
- 公鏈的背景如何？

像Avastars、Aavegotchis及Art Blocks drops這類如NFT都是在鏈上鑄造的，它們依靠各自的以太坊智能合約就可以存在，這意味著只要以太坊存在，它們就存在，這也代表著NFT是永久存在的。另一方面，一些NFT項目透過依賴於AWS等外部鏈下提供商來提供簡便性和靈活性，這引入信任的維度，因此你必須要相信項目能夠堅持下去，並保持其伺服器的運行，否則你的NFT有效期可能只有幾年的時間。因此，NFT是否在鏈上的價值是很明顯的，而鏈上與鏈外的關鍵在於：

- 這個NFT在哪裡託管？
- 這個NFT是否在鏈上鑄造（這意味它能否長時間存在）？

2 年齡

NFT也可以根據鑄造時間來評估價值，例如：NFT熱潮確實在2021年開始升溫，因此在這個時間點之前的NFT呈現出數位文物的地位，它們是這場數位文化革命中最早的作品。不過，NFT的發展還很早期，以至於「年齡」這個因素還沒有發揮出作用，到最後也有可能任何在2030年前建立的NFT或任何項目都具有特殊意義，可以拭目以待。但最早的NFT項目仍最令人印象深刻，能獲得較高的估值，例如：《Crypto Punks》，該NFT誕生於2017年，引起很多收藏家的關注。

這就像葡萄酒講究年份，NFT也要考慮年齡，所以年齡的關鍵在於：

- 這個NFT是什麼時候鑄造的？
- 這個NFT是否有什麼歷史意義？
- 這個NFT歷經多少次的交易？
- 這個NFT每次交易的金額為何？

3 創作者和社群

如果一個人沒有粉絲，也沒有鑄造過任何NFT，某天心血來潮製作NFT並上架於OpenSea上，但又沒有什麼宣傳，請問這個作品賣得出去嗎？如果沒有努力推廣、行銷，肯定是賣不出去的。這也是為什麼知名藝術家或創作者鑄造的NFT具有價值的原因，而且讓

社群參與還可以創造需求。創作者越受歡迎，社群自然越大，NFT就越有價值，這種商業模式基本上適用於任何市場。所以，創作者和社群的關鍵在於：

- 創作者在Twitter、FB和IG等社交網站上的粉絲多嗎？
- 他們經常和粉絲互動嗎？
- 你認為創作者未來會發展他們的品牌嗎？

④ 稀缺度

這個因素是定義特定NFT的稀有度及「取得難度」。稀有性一般會聯想到數位藝術產業中知名創作者的首創藝術品或由名人創建的NFT，但稀有性還有另一個元素是這類NFT可提供的效果，例如：在電玩遊戲中可帶來何種助益。這類NFT會因為它的內在價值而吸引人，NFT持有者所持有的是所有權的區塊鏈證明，提供一種專屬感並且決定NFT溢價，像交易平台SuperRare只核可唯一版本的NFT上架，因此你可以保證市場上只有一件藝術家真品流通。

這種獨特效果在加密貨幣產業的具體範例包含《Crypto Kitty》、《Everydays：the First 5,000 Days》等作品，所以，NFT稀缺性的關鍵在於：

- 鑄造了多少數量？
- 藝術家是否會鑄造更多這樣的NFT？

NFT越稀有，在市場中獲得可觀利潤的可能性就越大。因此，

如果你看到一個NFT賣出天價，並對此感到困惑，請深入探討其潛在特徵，它的稀有性可能會讓你瞬間明白為何它能以天價賣出。

⑤ 釋放速度

一個創作者在一年內發布的NFT數量是1,000個，還是僅僅10個或1個為好？你必須弄清楚一種特定NFT的生產速度，這是理解其價值的關鍵。一個鑄造無限量NFT，並以0.01為單價的項目，其吸引力通常不如僅製作10個的NFT作品。那些每年只發行幾件精選作品的傑出藝術家，他們的作品售價往往高於每週發行數次作品的同級別藝術家。當然，也會有例外，比如：

Beeple出售的5,000件收藏品，他每天都會創作一幅作品，這些作品共賣出約7,000萬美元，但他花了十多年不懈地努力，才建立起這一估值。所以，釋放速度的關鍵在於：

- 這位藝術家創作新作品的頻率（每天、每週、每月、每年等）？
- 他鑄造了多少作品？

⑥ 實用性

NFT實用性來自它在現實或虛擬世界中的實際應用，例如：某些NFT不只是收藏品，因為他們可以在遊戲中使用，像虛擬土地、咒語或角色。NFT的這個特性讓它具備一定的價值，而價值的成長

則取決於該項目的人氣。隨著去中心化遊戲玩家社群的成長，有越來越多人願意支付高價購買獨一無二的卡片，好比歐洲國家盃NFT門票、《Decentraland》財產或收藏卡，例如：巫師之昆特牌中的利維亞的傑洛特。還有越來越多NFT作品會伴隨著音頻，這種動態效果為用戶提供了比普通NFT更豐富的藝術體驗，在播放NFT時能同時聽到音樂，提高NFT在感官上的附加價值，若音頻還是跟其他大師合作完成的，那價值就更高了。所以，NFT的實用性關鍵在於：

- NFT有無其他的實用性？
- NFT有音頻嗎？
- 這首曲子是誰做的？

7 | 有形性

某些NFT是因為與現實世界的物品相關聯而衍生出的有形性價值，並由所有權不可變的特性作為背後的支持。基本上NFT可應用於任何東西上以鞏固所有權，但不會因此就讓該物品變得獨一無二或成為高需求物品。物品的基礎價值仍取決於它的實用性、稀有性及用戶對該物品的滿意度，例如：擁有獨家活動的NFT門票，這不管是在實質上還是個人層面，價值都勝過擁有和一枚瓶蓋相關聯的NFT。以市場實用性而言，具備有形價值的NFT最適合在市場上進行短期交易，因為這類NFT可能有到期日期，就像是門票。同時，

其他類似於限量版運動鞋相關的NFT收藏品,會因為流通品項數目的減少而使價值隨著時間成長而增加。

另外一個類似例子是:Robert Mondavi發表了法國陶瓷名廠Bernardaud製作的「利摩日名瓷」(Limoges)葡萄酒NFT,共有三款,容量為1.5公升,由旗下三位不同的釀酒師負責釀造,總共有1,966瓶,一瓶價格3,500美元,他們不以加密貨幣計價,而是傾向於跟NFT結合話題,購買後會有人協助買家轉換成NFT資料,以區塊鏈資料確保消費者權益不會受損。另外一個類似概念的葡萄酒平台「WiV」,單純地把每款酒鑄成NFT放到線上買賣,這種做法就像是在逛線上商城,每個NFT可以對應到現貨酒款。WiV也積極打造葡萄酒愛好者社群,甚至發行自己的「WIVA」加密貨幣,積極籌組葡萄酒投資人的去中心化自治社群。

內捲漩渦

量子糾纏

NFT & NFR

投資NFT

15

NFT 交易需要的工具

★ ★ ★

　　所謂「工欲善其事，必先利其器」，上網購買NFT看似輕鬆容易，但其中也充滿了許多重要的步驟，缺一不可，在開始購買NFT之前，把必要的購買工具準備好，能方便後續的作業，但其中隱藏著很多貓膩，所以筆者建議你依據接下來所介紹的為標準，等熟悉這個領域後，再選擇其他適合你的工具，會相對保險許多。

📍 瀏覽器

　　NFT的交易平台非常多，OpenSea屬於這些平台中較有名的部分，OpenSea的操作、買賣建議先用電腦來操作比較方便，手機畫面太小，操作起來沒有那麼方便，所以要先下載電腦用的瀏覽器，便於打開OpenSea。可以使用最常見的Google瀏覽器Chrome，用Chrome綁定去中心化錢包MetaMask（小狐狸），較不會有相容性的問題。

🌀 錢包

加密錢包就像現實世界中的皮夾一樣,功能是拿來放錢的,不能用來操作合約、買賣現貨、放定存等等,只能放錢(加密貨幣)。你可能會想,那為什麼還是需要使用錢包呢?如果把幣放在裡面,不就什麼事情都做不了嗎?這是因為區塊鏈上很多去中心化的服務,好比去中心化交易所、DeFi、NFT交易平台等,全都要連接錢包後才能使用。這些去中心化服務本身沒有會員機制,它們就是透過連接你的錢包,把裡面的錢拿出來換成NFT或是其他貨幣等等。

在各式各樣的錢包中,最好用的錢包就是MetaMask,加密貨幣的世界中有各式各樣的去中心化錢包,MetaMask只是其中一種,但它擁有App、Chrome外掛等形式,用法很多元。交易所可以把它想像成銀行,你可以在裡面交易各種加密貨幣、使用各式金融服務等等,但不管你怎麼操作,都還是在交易所的世界裡玩,資產全交由交易所託管,這就好比你把錢放在銀行一樣,如果哪天交易所倒閉了、捲款,或是凍結你的資金,你也無可奈何。而「錢包」顧名思義,就像你把錢放在自己的皮夾,除非你傻傻地把私鑰(助記詞)交給別人,否則錢是由自己保管,擁有完整的掌握權,不怕被捲款跑路。但也因為區塊鏈是去中心化的世界,錢包由你完全掌握,假如忘記密碼(助記詞)的話就沒有「忘記密碼」這個選

項可以找回了，沒有人能夠幫忙，就好像你把自己的皮夾弄丟了，跑去找銀行要錢也沒有用一樣。總結以上觀念，中心化交易所就像是一家銀行，放在裡面的資產還是由交易所掌控，而錢包就像是自己的皮夾，雖然自己擁有完整的掌控權，但出事了可沒有人可以幫你。

★ NFT 平台

每個交易平台各有優劣，特色也不盡相同，請自行選擇。筆者個人推薦 OpenSea，因為它是最大、最簡單的 NFT 交易所。

然而，在選擇 NFT 平台時，您還應該考慮以下幾點：

- **交易費用：**不同平台收取的交易費用不同，這可能會影響您的利潤。例如，OpenSea 的手續費為 2.5%，而其他平台如 Rarible 可能有不同的費率。

- **用戶界面和使用體驗：**一個友好的用戶界面能夠大大提升使用體驗，使交易過程更加順利。OpenSea 以其直觀的界面著稱，適合初學者使用。

- **支持的區塊鏈：**一些平台僅支持特定的區塊鏈。例如，OpenSea 主要使用以太坊和 Polygon 鏈，而 Foundation 則專注於以太坊。選擇適合您所持有的加密貨幣和區塊鏈的平台非常重要。

- **市場範圍和受眾：** 一些平台擁有更廣泛的受眾和更大的市場影響力。OpenSea是目前最大的NFT市場，擁有大量的活躍用戶和廣泛的買家群體。

- **安全性：** 確保平台具備強大的安全措施來保護您的數字資產，避免遭受駭客（Hacker）攻擊或詐騙。

綜上所述，選擇合適的NFT平台需要綜合考慮多方面的因素。OpenSea作為一個綜合性平台，因其規模和簡單的操作界面成為筆者的推薦選擇，但其他平台如Rarible、Foundation等也有其獨特的優勢，則適合不同需求的用戶

📍 加密貨幣

各家平台收取的加密貨幣種類都不一樣，有的平台甚至可以接受刷卡，如果以加密貨幣進行的交易來看，只要知道平台是建構在哪個鏈上，就大約可以知道平台能使用的、該公鏈下誕生的幣或是側鏈產生的幣是什麼。以OpenSea為例，OpenSea使用以太坊的公鏈和側鏈Polygon，所以接受以太幣及Polygon鏈上的以太幣交易。而要上平台購買NFT之前，你要先到交易所購買加密貨幣，然後把購入的加密貨幣移轉到平台綁定的錢包進行交易，因此進行NFT買賣不單只要了解平台怎麼操作，還要知道怎麼用法定貨幣購買加密貨幣。將加密貨幣轉移到平台綁定的錢包，步驟會相對複

內捲漩渦

量子糾纏

N F T & N F R

雜一些，這些步驟如果沒有操作過幾次，很容易就會忘記，更糟糕的是如果操作錯誤，加密貨幣可能就會遺失，或掉入詐騙的陷阱之中，區塊鏈的水非常深，唯有學習該領域的知識並事前做好功課，才不會容易跌入谷底。區塊鏈是屬於去中心化、去中間化、去政府化、去銀行化的一套分散式系統，一旦操作中間出錯，沒有任何客服人員可以協助，所以真的要小心操作，不然出來的結果可能讓你欲哭無淚。

✪ 區塊鏈瀏覽器

區塊鏈瀏覽器簡單來說就是查帳本用的，當在平台上成功購買NFT後，把NFT轉到你的錢包裡保存或是別人轉NFT到你指定的錢包中，等了一陣子後發現沒有收到NFT，在詢問對方後對方給出已發送的回覆，如果這時還是沒有收到NFT，就是區塊鏈瀏覽器派上用場的時候了。透過區塊鏈瀏覽器查詢整個區塊的交易狀況，就可以知道有沒有轉成功，或是轉的地址正不正確，這些資訊在區塊鏈瀏覽器中都會被清楚記載，從第0個區塊到最新的區塊都會在區塊鏈瀏覽器中呈現，所以區塊鏈的交易才會被說是透明公開、可被溯源且可被驗證的。區塊鏈的所有應用都涉及一定意義或價值的數位資產交易，許多區塊鏈專業工具都能協助使用者更方便地查看和管理這些資產，像剛剛提過的MetaMask錢包，它被用來儲存我們的數位資產，並快速地與DEX進行交易；區塊鏈瀏覽器則可以追蹤

與查看每筆交易在各節點中的經過與完成度。使用區塊鏈瀏覽器，你幾乎可以查看與交易、錢包和區塊鏈相關的所有數據，包括交易金額、資金來源、目的地以及交易狀態等。在技術上，區塊鏈瀏覽器的使用 API 和區塊鏈節點對接，並從區塊鏈網絡中獲得各種訊息，這些訊息數據經過排列整理後，與該錢包地址有關的資訊將一覽無遺地呈現在我們眼前。

投資NFT

16

創作NFT造富注意事項

　　現在，任何人都能輕易將自己的作品製成NFT販售，NFT利用區塊鏈技術，將作品加上獨一無二的識別代碼變成新型數位資產，將數位檔案的所有權資訊儲存在區塊鏈中，以此防止偽造或竄改。透過NFT，可以判斷數位作品的真偽，因此越來越多人將其活用於數位藝術品、數位道具等多元的交易領域。NFT之所以熱門，正是因為它幫數位創作這種資產型態建立了一個全球性的所有權系統，讓未來的鑑價與認證變得容易。NFT是一種數位資產的概念和工具，相信你已經很了解NFT的所有概念，自己一定也想成為創作者之一，所以接下來就來談談創作NFT有哪些問題要注意。

★ NFT的版權問題

　　臺灣的法律中並沒有「版權」的用詞，通常民間所用「版權」一詞，可能是指「著作權」，但有時也未必，一般書籍封底常標註

「版權所有，翻印必究」等用詞，也有契約使用「電視版權」、「海外版權」等，那這裡的「版權」到底是指「出版權」？「製版權」？「改作權」、「公開播送權」還是「著作權」？

版權所有權會賦予版權所有人使用作品的專有權，但有些例外，任何人只要以實體媒介創作出原創作品，即自動擁有該作品的版權。有許多作品類型受到版權保護，如下：

- 視聽作品，例如：電視節目、電影和線上影片。

- 錄音和音樂創作。

- 書面作品，例如：演講、文章、書籍和音樂創作。

- 平面作品，例如：繪畫、海報和廣告。

- 電玩遊戲和電腦軟體。

- 戲劇作品，例如：戲劇和歌舞劇。

擁有NFT不會授予你該作品的知識產權，NFT只是證明所有者擁有作品版本的證書，並不能證明你是NFT的版權所有者。也就是說，你不會被列為作品的作者，也不能在商業活動上利用該作品或免費分發它，NFT也不提供許可或版權轉讓。

這與購買藝術品或一幅畫的邏輯相同，你擁有這幅畫，你可以用它來裝飾你的房子，這幅畫的版權所有者不會因此變成你。也就是說，你不能拍攝這幅畫並將其分發或出售給其他人，除非你是該NFT的原創作者，你才有出售的權利。作者得以保留其作品的版權，或是將版權轉讓給他人。因此，除非NFT在銷售中包括轉讓與

資產相關的版權，否則作者仍保留其對作品的權利。

　　關於NFT本身可能不受版權保護這點，NFT通常由數據庫中的記錄和指向交易所指資產的鏈接組成，僅這些要素不足以構成符合版權保護條件的原創作品，考慮到這一點，所謂的「鏈上資產」——包含交易所的資產，NFT可能有資格獲得版權法下的版權保護。因此，在進入這個新市場前，必須要充分學習並尋求法律領域的支持，然後為資產制訂最佳策略，了解應該如何創作、保護和投資該領域。且除了受版權保護的作品外，還會出現一些其他問題，例如：透過NFT轉讓的權利有哪些限制？NFT應該如何徵稅？如何驗證NFT是否為原創作品？如何防止著作權侵權？

　　與大多數改變現狀的技術一樣，人們仍對NFT持以謹慎和懷疑的態度，這是正常的，因為NFT是一項新項目，但對我們生活產生的影響卻如此巨大且正在顯著地推進市場。

★ NFT背後的價值

　　這在前面章節有討論過，當NFT以數百萬美元的價格出售時，許多旁觀者都想知道一張石頭的圖檔為何具有價值？但其實原因沒有那麼複雜，因為隨著NFT技術的引入，這種情況發生了變化。NFT是儲存在以太坊等區塊鏈上的獨特數位數據，可用於標記數位藝術、音樂或任何其他類型的資產。NFT與比特幣和以太幣等資產

不同，每種資產都是獨一無二的，它提供了一種驗證資產所有權、真實性和稀缺性的方法。

知名科技投資者和企業家、名人、音樂家、體育運動員，甚至大公司等，都在購買或試驗NFT。《Crypto Punks》是以太坊上最具標誌性的NFT系列作品，其最終交易量超過10億美元；《Ether Rocks》數位石頭的最低價也超過200萬美元，完全超出一般人所能想像的範圍。

1 為所有權買單

對於外行人來說，圍繞這些作品的炒作和價格是一件讓外行人困惑的事情，而這種困惑主要是來自它的數位格式上。因為作品即便鑄成了NFT，但其他人還是可以直接在網路上下載JPG圖檔，那為什麼還是有人會為它付費呢？雖然任何人都可以欣賞在OpenSea上顯示的藝術作品或下載JPG檔，但並非每個人都可以擁有原始NFT。在公鏈上對資產進行通證化，可以為任何有網路連接的人提供一種方式來驗證其真實性和所有權。

2 為享樂和功能買單

雖然藝術品本身可能除了美學之外沒有其他用途，但購買它的行為卻是真實的，經濟文獻區分了兩類型的消費價值：享樂和功

內捲漩渦　量子糾纏　NFT & NFR

能。享樂產品主要用於情感或感官滿足，而功能產品則用於功利目標，鑑於任何人都可以「消費」NFT藝術品，達到享樂或感官滿足的目的而無需購買，收藏家可能更有動力出於實用目的購買它們。

③ 為身份象徵買單

以數十萬美元的價格購買像素化龐克的NFT是一個代價高昂的訊號示例，所有權或出處不能偽造，成本很容易審計，而且這些物品除了展示外幾乎沒有用途，這就解釋了為什麼NFT會迅速崛起，並成為加密貨幣暴發戶首選的奢侈身份象徵。畢竟，沒有什麼比在石頭的數位圖檔上揮霍一百萬美元更能說明「我成功了」，就像富豪家裡堆滿昂貴的藝術品、收藏品和黃金打造的馬桶一樣，加密貨幣世界的大戶轉而用NFT藝術品填滿他們的加密錢包，早期的點陣圖也變成了像素主義。

NFT可能與傳統藝術沒有什麼不同，但無論是通證化的數位藝術還是世界知名藝術家的實體畫作，最終的價值都取決於有人願意為這件作品支付的價格及其相關的彈性權力。當然，實體與NFT的一個關鍵區別是，NFT的交易過程始終存在於區塊鏈上，供所有有意願購買的人查看。

如何提升NFT價值

NFT價格屢創新高，已經成為公認的數位資產，很多基金和企業也開始把NFT列為資產配置的一部分。很多人擔心NFT的高價沒有支撐體系，擔心會像當年的ICO一樣出現虛假的繁榮。作為一項投資，價值判定確實是一個難題，要判斷NFT的價值必須要先將它當成一種特殊商品來分析和判斷它的價值組成。

按照經濟學的理論，商品具有交換價值和使用價值，交換價值是商品的社會屬性，是不同商品生產者之間的社會關係，使用價值則是指商品能夠滿足人們某種需要的屬性，是商品的自然屬性。亞當・史密斯（Adam Smith）在《國富論》中指出「價值」一詞有兩層含義：一是表示某種特定物品的效用，也就是使用價值；二是表示由於佔有某物而具有對其他物品的購買力，也就是交換價值。

所以，將NFT的價值簡單分解成交換價值和使用價值兩種，你在行銷自己的NFT時，可以從提升「交換價值」和「使用價值」兩方面著手，只要交換價值和使用價值獲得了提升，NFT價格自然就會水漲船高。

- **交換價值**：NFT的購買力，也就是NFT與貨幣或者其他物品的交易價值。
- **使用價值**：商品能夠滿足人們某種需要的屬性，包括娛樂價值、收藏價值、社交價值、生產價值等等。

內捲漩渦

量子糾纏

N F T & N F R

- **娛樂價值**：該NFT具備娛樂屬性，能用於休閒、遊戲等場景。

- **收藏價值**：該NFT具備保值、增值、紀念等屬性。

- **社交價值**：擁有大量用戶和大量粉絲的NFT產品，此類產品有助於持有者在社交時彰顯個性，尋求認同感，更快地融入社群、增加信任、提高社交效率等作用。

- **生產價值**：該NFT可以用於賺取超額利潤。

現今交易規模快速成長和內容多元豐富，但NFT仍缺少成熟的估值體系，目前僅能從幾點進行評級和對比，NFT需要經過時間、各種政策及市場的考驗，才能沉澱出真正的價值。

接下來，我們就試著用上述價值體系來分析市面上具有代表性的NFT其價值組成為何。

★ NFT盈利模式及發展

NFT的主要盈利模式是直接銷售和二次交易版稅收入，其他收入包含治理代幣與DeFi結合衍生出來的金融相關產品，如DeFi抵押等。

在技術端，Layer 2的發展和去中心化儲存將提升NFT的發展

空間；在應用端，NFT的應用領域將不斷擴大與各領域的結合並更加成熟，同時NFT有望形成獨立IP，提升自身價值。

　　NFT行業的主要風險及痛點是實用性問題、安全及隱私問題、監管問題、可延展性風險，但隨著NFT的發展及成熟，部分風險可解決，如可延展性風險。

NFT 的營利模式	
模式	定義
直接銷售	透過直接銷售NFT獲得收入，為NFT最主要的模式。
二次交易版稅	NFT創作者可賺取每一次在任何NFT市場或通過點對點成功交易的版稅費用。
其他	其他營利模式包括治理通證、NFT＋DeFi……等。

　　NFT的二次交易版稅收入也是NFT的核心價值之一，與正常版稅收入的不同之處在於，NFT的二次交易版稅可讓NFT創作者賺取，每一次在任何NFT市場，或透過點對點成功交易的版稅費用。NFT+DeFi的結合，將衍生出NFT更多的盈利模式，如DeFi抵押品等。隨著NFT的發展，NFT的商業版圖不斷擴大，如NFT可作為抵押品進行借貸活動，NFTfi就是以NFT為抵押品提供借貸服務的專業平台。

　　區塊鏈的世界變化非常快速，每一階段的趨勢都會創造出一些鉅富及成功人士，這一波的NFT趨勢也是如此。NFT誕生於2017年、爆發於2021年，隨著新聞媒體的報導，靠著NFT賺了大錢這

內捲漩渦

量子糾纏

NFT & NFR

類的新聞造成了大量的吃瓜群眾入圈，但要靠NFT一夕致富其實並沒有那麼簡單，除非是大IP、巨星或有名的政治人物等等才有可能。現在NFT已經走向賦能實體行業，這樣的走向非常類似2019年的加密貨幣，靠著NFT賺快錢的時代已經快要成為過去了。

那麼在NFT產業走向了平緩、不再有快速賺錢的趨勢中，要如何繼續靠著這波浪潮賺取財富呢？

最好的方法就是學習並快速提升自己的能力，用活躍的思維去找出其他人無法想像、沒有體會過或是沒有看過的東西，去賺取認知範圍之外的錢。靠運氣無法真正致富，依賴運氣所賺到的錢，往往會因為實力不足而虧掉，這是一個必然的過程。你所賺的每一分錢，都是你對這世界的認知變現的成果；虧掉的每一分錢，也是因為對這世界的認知尚有不足，這個世界最大的公平在於：當一個人的財富大於自己的認知時，現實就會有100種方法來收割你，直到你的認知與財富匹配為止，相信很多人對此深有感觸。

筆者最後想再次推薦NFT的相關課程，唯有透過學習才能快速提升能力，我常說：「錯誤的政策比貪污更可怕。」若套用在NFT圈，這句話就要變成：「錯誤的學習比無知更可怕。」坊間有太多項目方開設的課程，上課時都在引導你投資他們的項目、買他們的產品，一旦入了坑連後悔的機會都沒有了。而筆者也有開設NFT、AI、區塊鏈等課程皆是正規的培訓課程，期待您一同來學習！

另外，如果想要更了解NFT到底是什麼、NFT發展的詳細歷史等知識，可以購買我的另一本著作《NFT造富之鑰》，以便更深入的了解區塊鏈與NFT的相關知識！

內捲漩渦

量子糾纏

NFT & NFR

史上最神奇的24堂課

被禁 70 年的全美歷史上最具影響力的潛能訓練課
任何導師都不願意教給弟子的秘密課程
促成比爾‧蓋茲輟學創業的「私密教程」
如今想一窺其神奇之奧秘並學習的朋友有福了，

「史上最強の24堂課」最強效的實體課
震撼登場！！

　　被政商各界精英聯手隱秘百年的成功禁書──查爾斯‧F‧哈尼爾(Charles F.Haanel) 創作的《史上最神奇的 24 堂課(The Master Key System)》，市面上的翻譯本多達數十種，書本容易取得，但針對這 24 堂課開設的實體課卻很少。在智慧型立体學習平台的精心策劃與籌備下，耗時 5 年的時間結合當代各大師開課，推出為期兩年的系列課程，堪稱培訓史上最強工程！

　　你過去在學校教育、成功學書籍、課程、演講裡，找不到的答案、解決不了的問題，都可以在「史上最強 24 堂課」中找到並解決。我們將有系統地透過內外兼修的最佳教程，助你發揮內在潛能、鍛鍊外在技能，完整傳授擁有**雙能(能量＆能力)**的秘訣，讓你成為不被時代淘汰的大贏家！

引爆你的潛能，翻身逆襲！！

本質競爭力　　　　　　核心競爭力

能量、認知
思維、價值

KEY MASTER

能力、資源
人脈、圈子

挖掘你內心巨大的能量

最偉大的財富存在於內心的潛在力量
百年來最具影響力的「潛能開發訓練體系」
開啟財富與成功的金鑰匙——
史上最強 24 堂課

「史上最強 24 堂課」是全台唯一最完整、強效的個人天賦潛能開發體系，既有修練身心靈的潛意識訓練法，又有指導我們走向成功的方法與技能。這套潛能開發財富訓練生命改造計畫為期 2 年，每月上 1 堂 2 整天實體課，共 24 堂，提供了：**啟動潛意識｜潛能訓練｜思維開發｜培育自信力｜視覺化目標｜重塑人格與價值｜建構和實現夢想｜靈活思考訓練營｜暢銷書作者班｜公眾演說班｜ AI 技巧實戰班｜借力眾籌班｜催眠式銷售訓練營｜ ESBI 創富腦革命｜無風險創業**……等系列課程，將理論與實踐相結合，通過反覆對心靈的訓練來強化思想，你將學會如何開發無限潛能，並下定決心做出改變，訓練出更強大的自己，邁向巔峰！將財富、成功、健康、幸福盡握手中！

❶ 24堂課程（理論＋實踐）

❷ 人生答案書 & 最神奇的 內在力量書

❸ 原版 英文書

❹ 繁體 中文版

史上最強 **24** 堂課 完整版大全集

想知道蘋果賈伯斯、成功學之父拿破崙·希爾、香港首富李嘉誠等成功人士獲得巨大財富的秘密嗎？

立即掃描 QR 碼，報名卡位！

上課時間 ⟶ 開學日 2025.1/4 & 1/5

✓ 每月第一個週六及其後的週日開課
（遇國定假日上課日期順延）
✓ 每一堂為 2 日全天班
✓ 每月 1 堂課，24 堂課需 2 年學成，可接受複訓，至功成名就為止！

學費 ⟶ 兩年24堂課，定價 $998,000元

更多詳情請至〔新絲路網路書店〕查閱或撥打
☎ 客服專線 02-8245-8318

眾力鑄就輝煌，為留傳
恆久智慧出一份力！

333本書
課程演講
影音視頻
999篇真理
Mook 20鉅冊

真永是真 Knowledge Feast Lecture

《真永是真系列叢書》是台灣當代最宏偉不凡的知識服務智慧工程！堪比《四庫全書》、《永樂大典》，收錄的是古今通用的道理，談的是現代應用的知識，內含數十萬種書之精華，並融入了上萬本書的知識點、古今中外成功人士的智慧經驗，蘊涵了無數時間與人力的心血，串聯起人類文化的瑰寶，有系統地淬鍊成具實用性跨界整合的智慧！是您解決問題的百科全書，絕對值得典藏！

誠摯邀請您參與預購，一起來支持、傳承人生智慧寶庫！

預購《真永是真全系列叢書》共計 1059 本

贈送 998000 元最神奇 24 堂課

眾籌方案：購買 1059 本，總價 $1,637,600
★ **特價 $ 200,000 元** ★

可從《真永是真系列叢書》全套 353本（單冊詳述版 333本＋彩色 MOOK 專輯版 20本）中任選或換取其他本版書（以定價 $600 元為上限），若全選《真永是真系列叢書》者，可獲得《真永是真全系列叢書》三套共1059本，可分 20 次領取。

贈
❶.最神奇 24 堂課完整版 $ 價值 998,000 元。
❷.真永是真 VVIP，包含：每年真永是真讀書會、高端人脈交流、蛋糕吃到飽、澎湃下午茶。
❸.當年度最新真永是真系列叢書。
❹.另享有當季其他課程及書籍促銷之優惠。

匯款帳號 ▶ 玉山銀行中和分行
銀行代碼：808
帳號 ▶ 0439979112189　戶名：王
訂購 & 客服專線 ▶ 02-8245-8318

價值 $396,000 元

掃碼立即擁有！